항공객실서비스의 이해

박 헌 재 지음

에듀컨텐츠 휴피아
ECH Educontents Huepia

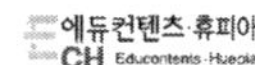
에듀컨텐츠·휴피아
ECH Educontents·Huepia

머 리 말

오늘날 항공산업은 단순한 이동 수단을 넘어, 고객에게 특별한 경험과 가치를 제공하는 서비스 산업으로 자리매김하였습니다. 특히 항공기 객실 내 서비스는 항공사의 이미지와 경쟁력을 결정짓는 핵심 요소로, 탑승객의 안전과 편안함, 그리고 만족도를 동시에 책임지는 중요한 분야입니다.

본 교재 「항공객실서비스의 이해」는 항공서비스 전공 학생과 미래의 항공 전문 인력을 꿈꾸는 학습자들에게 체계적이고 실무적인 지식을 제공하기 위해 집필되었습니다. 본문에서는 항공객실서비스의 역사와 개념, 서비스 절차와 표준, 승무원의 직무역할과 역량, 그리고 다양한 국내외 항공사들의 비교를 통해 현장에서 요구되는 전문성을 이해할 수 있도록 구성하였습니다.

더불어, 글로벌 항공산업의 변화와 최신 서비스 트렌드까지 폭넓게 다루어, 학문적 이론과 실무적 통찰이 조화를 이루도록 하였습니다. 이를 통해 학습자들이 단순한 지식 습득을 넘어, 고객 중심적 사고와 서비스 마인드를 함양할 수 있기를 기대합니다.

끝으로 이 책이 항공서비스 분야를 준비하는 모든 이들에게 길잡이가 되어, 하늘을 무대로 하는 꿈을 실현하는 데 작은 도움이 되기를 바랍니다.

2026년 1월

저자 씀

목 차

항공객실서비스의 이해

에듀컨텐츠·휴피아
ECH Educontents Huepia

제1장

항공산업과 항공서비스의 의의

에듀컨텐츠·휴피아
ECH Educontents·Huepia

1. 항공산업의 정의

항공산업은 항공기를 운용하여 사람과 화물을 운송하고, 이와 관련된 각종 서비스를 제공하는 산업을 의미한다.

항공사의 여객 및 화물 운송 활동이 핵심적 역할을 담당하지만, 항공기 제작·정비, 공항 운영, 항공관제, 관광 및 연계 서비스 등 다양한 분야가 긴밀히 연결되어 있어 종합 산업적 성격을 지닌다.

아울러 이러한 종합성은 국가 경제와 다국적 물류 체계, 관광·서비스 산업 등과 연계되어, 높은 경제적 파급력을 지닌다. 따라서 항공산업은 국가의 교통·물류 체계뿐 아니라 경제·사회·문화 전반에 걸쳐 중요한 역할을 수행한다.

2. 항공산업의 발전과 역사

항공산업은 1903년 라이트 형제가 최초의 동력 비행에 성공한 이후 비약적인 발전을 이루었다. 초기부터 발전 단계를 나누어 보면 아래와 같이 크게 4단계로 나누어 볼 수 있다.

(1) 초기 단계(1910~1930년대)

항공기는 주로 군사적 목적으로 사용되었으며, 동시에 국제선 여객 운송이 점차 시작되었다. 이 시기에는 안전성과 기술적 한계로 인해 대중적 이용은 제한적이었다.

(2) 성장 단계(1950~1970년대)

제트기의 도입으로 장거리 비행이 가능해지고, 국제선 노선이 크게 확대되면서 항공이 대중 교통수단으로 자리 잡았다.

(3) 현대 단계(1980년대 이후)

항공 자유화 정책으로 경쟁이 심화되었고, 저비용항공사(LCC)의 등장으로 항공 이용이 대중화되었다. 글로벌 네트워크가 형성되면서 항공은 세계화의 핵심 기반이 되었다.

(4) 최근 동향

코로나 팬데믹으로 인한 일시적 위축 이후, 친환경 항공기 개발과 디지털 전환이 산업 재편을 주도하고 있다.

3. 항공산업의 주요 구성 요소

항공산업은 크게 항공운송산업, 항공지원 산업, 그리고 연관 산업으로 구분된다.

3-1. 항공운송산업

(1) 항공운송산업의 정의

항공운송산업은 항공기를 이용하여 여객, 화물, 우편 등을 수송하는 산업을 말한다.

이는 국가 간 이동을 가능하게 하는 대표적인 국제산업으로, 전 세계 경제활동과 관광산업, 물류산업의 발전에 핵심적인 역할을 수행한다. 항공운송산업은 여객운송, 화물운송, 공항운영, 항공정비 및 서비스업 등 다양한 분야로 구성되어 있다.

(2) 항공운송산업의 특징

가. 국제성(Internationality)

항공운송은 국경을 넘나드는 국제산업이다. 항공사의 노선망은 복수의 국가와 도시를 국제항공운송협회(IATA) 및 국제민간항공기구(ICAO)의 규정과 표준에 따라 운영된다.

나. 고속성과 시간가치성(Speed & Time Value)

항공운송은 다른 운송 수단에 비해 월등히 빠른 속도를 자랑한다. 이에 따라 긴급한 비즈니스 출장, 신선식품 운송, 고부가가치 상품 수송 등에 적합하다.

다. 안전성과 기술 집약성(Safety & Technology-intensive)

항공산업은 고도의 항공기술과 엄격한 안전관리 시스템이 요구되는 산업이다.
항공기 제작, 운항, 정비, 관제 등 모든 과정에 첨단 과학기술과 전문인력이 필요하다.

라. 고비용 및 자본 집약성(Capital-intensive)

항공기 구입, 정비시설, 공항 인프라 구축 등 막대한 초기 투자가 필요하다.
따라서 항공운송산업은 높은 진입장벽과 장기적인 자본운영능력을 요구한다.

(3) 항공운송산업의 구조

가. 항공사(Airlines)

여객 및 화물을 실제로 운송하는 주체이다. 대한항공, 아시아나항공, 제주항공 등 국내 항공사와 에미레이트항공, 싱가포르항공, 델타항공 등 글로벌 항공사가 있다.

나. 정기항공사(Scheduled Airlines)

일정한 노선과 시간표에 따라 운항하는 항공사

다. 비정기항공사(Non-scheduled Airlines)

전세기, 관광 목적의 임시운항 등을 하는 항공사

라. 공항(Airport)

항공기가 이착륙하고 여객 및 화물 처리가 이루어지는 기반 시설로, 항공운송의 허브 역할을 한다. 공항은 국가의 교통 중심지이자 경제·관광의 관문이다.

마. 항공기 제작 및 정비 산업

보잉(BOEING), 에어버스(AIRBUS) 등의 항공기 제조사와 MRO(Maintenance, Repair, Overhaul) 기업이 포함된다.

바. 관제 및 지원기관

항공교통관제, 항공기 연료공급, 지상조업, 수하물 처리 등 다양한 지원 서비스를 담당하는 기관 및 기업들이 항공운송의 원활한 운영을 지원한다.

(4) 항공운송산업의 경제적 역할

가. 국가 경제 기여

항공운송산업은 수출입 물류를 촉진하고, 관광수입을 창출하며, 고용을 창출한다.
또한 글로벌 기업의 해외투자 및 교류를 활성화시켜 국가경쟁력을 강화한다.

나. 지역 균형 발전과 사회 연결성 향상

항공 노선망은 수도권과 지방, 나아가 국가 간 연결성을 강화한다.
이는 지역 경제 활성화와 인적·물적 교류 확대에 크게 기여한다.

다. 관광산업 촉진

국제 관광객의 대부분은 항공을 통해 이동하며, 항공운송의 발달은 관광산업 성장과 직결된다.

(5) 항공운송산업의 최신 동향

가. 저비용항공사(LCC)의 성장

저가 항공사(Low Cost Carrier)의 등장으로 항공운임이 낮아지고, 대중의 항공 이용이 급격히 확대되었다.

나. 디지털 전환(Digital Transformation)

AI, 빅데이터, IoT 기술이 도입되어 예약, 운항, 고객서비스, 정비 등 모든 영역의 효율성을 높이고 있다.

다. 친환경 항공(Eco-friendly Aviation)

탄소배출 저감, 지속 가능한 항공연료(SAF) 사용, 친환경 항공기 개발 등이 글로벌 이슈로 부상하고 있다.

라. 항공동맹체(Global Alliances)

스카이팀(SkyTeam), 스타얼라이언스(Star Alliance), 원월드(Oneworld) 등 항공사 간 협력을 통한 네트워크 확장이 활발하다.

(6) 항공운송산업의 미래 전망

미래 항공산업은 지속가능성, 디지털화, 개인화 서비스가 핵심 키워드로 자리 잡을 것이다.

전기·수소 항공기 도입, 도심항공교통(UAM) 상용화, 자동화된 공항서비스, 인공지능 기반 고객관리 등 혁신 기술이 산업 전반을 변화시킬 것으로 전망된다.

글로벌 교류 확대와 관광산업의 성장으로 항공 수요는 장기적으로 증가할 것으로 예상된다.

특히 친환경 항공기 개발, 탄소배출 저감 노력, 디지털 기술을 활용한 스마트 서비스(예: 자동화 체크인, 기내 IoT 서비스), 고객 경험 중심의 서비스 혁신이 미래 항공산업의 핵심 동력으로 주목된다.

한편, 국제 정세 변화, 감염병 확산, 환경 규제 강화 등 외부 요인들은 항공산업의 불확실성을 높이는 요소로 작용한다. 따라서 항공산업은 지속적인 혁신과 유연한 대응 전략을 통해 안정적인 성장을 도모해야 한다.

3-2. 항공지원산업

(1) 항공지원산업의 정의

항공지원산업(Aviation Support Industry)은 항공운송이 원활히 이루어지도록 **항공사, 공항, 항공기 운영을 지원하는 모든 산업**을 말한다.

즉, 항공기의 **운항·정비·지상조업·관제·급유·보안·서비스** 등 항공운송 과정 전반을 기술적, 인적, 행정적으로 지원하는 산업 분야를 포함한다.

항공지원산업은 항공운송산업의 **"기반 산업(Base Industry)"**으로서, 그 효율성과 안정성이 항공 서비스 품질과 안전성에 직결된다.

(2) 항공지원산업의 주요 구성 분야

가. 항공기 정비 산업 (Maintenance, Repair & Overhaul, MRO)

항공기의 안전 운항을 보장하기 위해 점검, 수리, 부품교체, 성능개량 등을 수행하는 산업으로 고도의 기술력과 전문인력이 요구되며, 항공 운항의 신뢰성과 직결된다.

대표기관: 대한항공 정비본부, 아시아나항공 정비사업부, 샤프테크닉스케이 등.

◆ **세부 구분**

A. 라인 정비(Line Maintenance): 비행 간단 점검, 일상 정비

B. 베이스 정비(Base Maintenance): 정기점검, 대규모 분해 정비

C. 개조 정비(Modification): 기내 인테리어 변경, 장비 업그레이드 등

나. 지상조업산업 (Ground Handling Services)

항공기 이착륙 전후에 필요한 지상 업무를 담당하는 산업으로, 항공 운항의 효율성을 높이는 핵심 분야이다.

◆ **주요 업무**

A. 수하물 및 화물의 하역, 탑재, 분류

B. 항공기 견인 및 주기

C. 급유 및 급수

D. 기내 청소, 케이터링 서비스 지원

E. 탑승수속 및 게이트 운영 지원

◆ **주요 기업 및 기관**

한국공항㈜, 아시아나에어포트㈜, 글로벌 항공지상조업사(SATS, Swissport 등)

다. 항공관제산업 (Air Traffic Control, ATC)

항공기의 안전한 이륙·비행·착륙을 위해 항로상과 공항 주변의 항공교통을 통제·관리하는 분야이다.

관제사는 비행 정보, 기상, 항로 상태를 제공하며 충돌 방지 및 항로 흐름을 조정한다.

아울러 관제시설, 항공통신, 레이더 시스템 등 첨단 정보기술이 결합된 고기술 산업이다.

운영기관은 국토교통부 항공교통본부, 인천공항관제소, 김포·김해 등 지역 항공관제소가 있다.

라. 항공급유 및 항공연료산업 (Aviation Fuel Supply)

항공기 운항에 필요한 항공유(Jet Fuel)를 생산, 저장, 운반, 급유하는 산업

정유사와 공항급유시설 운영사가 협력하여 안전하고 신속한 급유체계를 유지한다.

최근에는 **친환경 항공연료**(SAF: Sustainable Aviation Fuel)의 개발과 공급이 중요한 과제가 되고 있다.

마. 항공 보안 및 안전관리산업 (Aviation Security & Safety Management)

테러, 밀수, 불법 탑승 등을 예방하기 위한 보안검색 및 보안시스템 운영산업.

공항 보안검색요원, 항공보안장비(엑스레이, 폭발물 탐지기 등) 제조 및 유지관리 기업 등이 포함된다.

ICAO와 IATA의 국제보안기준을 준수해야 한다.

바. 항공운항지원 및 케이터링산업 (Flight Support & Catering)

A. **운항지원**: 항공 스케줄, 항로 계획, 기상분석, 연료 계산, 비행계획서를 작성해 조종사에게 제공하는 업무

B. **케이터링**(Catering): 항공기 내 기내식과 음료, 식기류, 물품 등을 공급하는 산업으로 서비스 품질에 직접적인 영향을 미친다.

C. **대표기관**: 한국공항공사 운항지원센터, LSG 스카이셰프, 샤프도앤코, 게이트고메코리아 등

(3) 항공지원산업의 경제적 의의

가. 항공산업의 안정적 운영 기반 제공

항공운송의 효율성과 정시성을 유지하기 위해 필수적인 인프라와 전문 서비스를 제공한다.

나. 고용 창출 효과

정비, 지상조업, 관제, 급유, 보안 등 다양한 직무 분야에서 수많은 전문직 일자리를 창출한다.

다. 기술 발전과 산업 연계 촉진

정비 기술, 자동화시스템, 친환경 연료 개발 등 항공산업 전반의 기술혁신을 선도한다.

라. 국가 경쟁력 강화

공항 경쟁력과 항공 서비스 품질을 결정하는 주요 요인으로 작용하며, 국가 항공 허브화 전략의 기반이 된다.

(4) 항공지원산업의 최근 동향

가. MRO 산업의 글로벌화

동남아 및 중동 지역을 중심으로 정비 전문기업이 급성장하고 있으며, 한국 역시 인천공항 MRO 단지 구축 등으로 경쟁력을 강화 중이다.

나. 자동화 및 디지털 전환

자율주행 수하물차량, AI 기반 관제시스템, 스마트 급유 시스템 등 첨단 기술이 지상조업 및 운항지원 분야에 확산되고 있다.

다. 친환경 항공지원

탄소중립 목표에 따라 전기조업차량, SAF 공급 인프라, 폐기물 재활용 시스템이 도입되고 있다.

라. 보안시스템의 고도화

생체인식, AI 영상분석, 무인보안시스템을 통한 스마트 공항 보안 체계가 구축되고 있다.

(5) 항공지원산업의 미래 전망

미래의 항공지원산업은 **첨단기술 기반의 스마트 항공 운영 체계**로 진화할 것이다.

무인 지상조업 시스템, AI 기반 예지정비(Predictive Maintenance), 친환경 연료 및 탄소 저감형 지원 장비, 디지털 트윈(Digital Twin) 기반 관제 및 정비 시뮬레이션 등 이러한 변화는 항공운송의 효율성, 안전성, 지속가능성을 높이며, 국가 항공산업 경쟁력의 핵심 요소로 작용할 것이다.

3-3. 항공연관산업

(1) 항공연관산업의 정의

항공연관산업(Aviation-Related Industry)은 **항공운송 및 항공지원산업과 직접적 혹은 간접적으로 관련된 산업 전반**을 의미한다.

즉, 항공운송의 수요를 창출하거나 항공산업의 운영을 보완·지원하며, 항공산업과 상호작용을 통해 부가가치를 창출하는 산업군이다.

이 산업은 항공기 제조, 공항 인프라 건설, 여행·관광, 물류, IT, 금융, 교육훈련 등 다양한 분야와 긴밀히 연결되어 있으며, **국가 경제의 성장 동력**이자 **항공 생태계**(Aviation Ecosystem)를 구성하는 중요한 축이다.

(2) 항공연관산업의 구성 분야

가. 항공기 제작 및 부품산업 (Aircraft Manufacturing & Parts Industry)

항공기 본체, 엔진, 항전 장비, 내장재, 구조물 등을 설계·제작하는 산업으로, 항공산업의 기술적 기반을 이룬다.

대표 기업으로는 **보잉**(BOEING), **에어버스**(AIRBUS), GE Aviation, **프랫앤휘트니**(Pratt & Whitney) 등이 있으며, 국내에는 **한국항공우주산업**(KAI), **한화에어로스페이스**, **LIG넥스원** 등이 주요 참여기업이다.

- **특징**

고부가가치 산업으로 국가 기술경쟁력과 직결, 생산공정의 글로벌 분업화(Global Supply Chain), 민항기뿐 아니라 군용기, 드론, UAM(도심항공교통)으로 확대 중이다

나. 공항 건설 및 인프라 산업 (Airport Construction & Infrastructure)

활주로, 관제탑, 터미널, 정비시설, 연료저장시설 등 공항 인프라를 건설하고 운영하는 산업으로 토목, 건축, 전력, 통신 등 복합 산업기술이 융합된다.

정부 및 공공기관(국토교통부, 인천국제공항공사, 한국공항공사)과 민간 건설기업(삼성물산, 현대건설 등)이 협력하여 추진한다.

- **최근 동향**

스마트 공항(Smart Airport) 구축, 탄소 중립형 친환경 공항 개발, 민관협력형(PPP) 공항 운영 모델 확산 등이 있다.

다. 여행 및 관광산업 (Travel & Tourism Industry)

항공운송을 통한 국제·국내 여행수요는 관광산업 성장의 핵심 동력이다.

항공운송산업은 여행사, 호텔, 리조트, 렌터카 등 관광 관련 산업 전반에 파급효과를 미친다.

◆ **예시**

항공사와 연계된 여행상품 개발(패키지 투어, 자유여행 상품 등)

마일리지 제휴를 통한 항공·호텔·관광 연계 서비스 제공

코로나19 이후 항공기 기반 관광콘텐츠('플라잉 테마 투어', '무착륙 비행') 등 새로운 형태가 등장하고 있다.

라. 항공 물류 및 유통산업 (Air Cargo & Logistics Industry)

항공운송을 이용한 고부가가치, 시간 민감형 화물의 수송과 관련된 산업.

전자상거래(E-Commerce) 확산으로 인해 항공화물 운송 수요가 급격히 증가하고 있다.

◆ **주요 분야**

항공화물 포워딩 및 창고업, 냉장·의약품 특수물류, 글로벌 물류 네트워크 운영 (FedEx, DHL, UPS 등

◆ **국내 주요 기업:** 대한항공 화물부문, 아시아나화물, CJ대한통운 항공물류사업부 등

마. 항공정보통신 및 IT산업 (Aviation ICT & Data Industry)

항공 운항, 예약, 발권, 항공기 정비, 고객관리 등 전 과정에 IT 기술이 적용되는 산업.

AI, 빅데이터, IoT, 블록체인 등 첨단기술을 활용하여 **스마트 항공 서비스** 구현에 기여한다.

◆ **적용 예시**

항공사 예약·탑승시스템(PSS, CRS), 공항의 자동화 체크인·보안 검색·수하물처리 시스템, 항공기 예지 정비(Predictive Maintenance) 시스템, 항공 운항 데이터 분석 및 실시간 모니터링 기술 등이 있다.

바. 항공 금융 및 보험산업 (Aviation Finance & Insurance)

항공기 구매, 리스(Lease), 운항자금 조달, 보험 가입 등을 담당하는 금융서비스 산업.

항공기는 고가 자산이므로, **항공기 리스 시장**(Aircraft Leasing Market)이 활발하게 운영된다.

- **주요 기관:** 항공기 리스회사(AerCap, Avolon 등), 수출입은행, 보험사 등
- **보험영역:** 항공기체보험, 조종사 책임보험, 승객 및 화물보험, 공항시설보험 등

사. 항공교육훈련산업 (Aviation Education & Training Industry)

조종사, 정비사, 객실승무원, 지상조업요원 등 항공인력의 전문교육을 담당하는 산업
항공대학, 항공전문학교, 항공훈련기관(ATO), 시뮬레이터 제작사 등이 포함된다.

- 주요 기관 예시:

한국항공대학교, 한서대학교, 인하공전 등 항공특성화 대학
대한항공 인재개발원, 아시아나항공 훈련센터, 국토교통부 인증 항공훈련기관 등이 있다.

(3) 항공연관산업의 경제적 효과

가. 고용 창출 및 지역경제 활성화

항공연관산업은 항공기 제작, 건설, 관광, 물류 등 다수의 산업을 포함하여 폭넓은 고용을 창출한다.

나. 산업 간 연계 효과 (Spillover Effect)

항공산업 발전은 제조업, 정보통신, 금융, 건설 등 다른 산업의 기술 발전과 수요 창출을 유도한다.

다. 국가 경쟁력 강화

항공연관산업은 국가 물류 효율성과 글로벌 접근성을 높여, 투자유치 및 수출산업 활성화에 기여한다.

라. 기술혁신 촉진

항공기 제작, 운항시스템, 공항 운영 등에서의 첨단기술은 타 산업에도 확산되어 국가 전체의 기술 수준을 향상시킨다.

(4) 항공연관산업의 최근 동향

가. UAM (도심항공교통) 및 eVTOL 시장 성장

도심 내 단거리 항공 이동 수단 개발이 활발하며, 관련 산업(배터리, 통신, 항법, 인증)이 급속히 발전 중이다.

나. 친환경 항공 생태계 조성

지속가능한 항공연료(SAF), 탄소중립 공항, 전기·수소항공기 기술개발 등으로 환경친화적 연관산업이 확대되고 있다.

다. 스마트 공항 및 디지털 전환 가속화

IoT·AI 기반의 자동화시스템이 공항 운영, 물류 처리, 승객 서비스 등 전반에 적용되고 있다.

라. 글로벌 항공 클러스터 형성

인천공항, 싱가포르 창이공항, 두바이공항 등은 항공 물류·관광·MRO·IT 기업이 함께 입주하는 복합산업단지로 발전 중이다.

(5) 항공연관산업의 미래 전망

항공연관산업은 단순히 항공운송을 보조하는 수준을 넘어, **스마트 기술·친환경 혁신·서비스 융합**을 통해 "미래형 항공산업 생태계"로 진화할 전망이다.

UAM **상용화 및 항공 모빌리티 확장**, SAF **및 탄소중립 기술의 산업화**, AI **기반 항공 데이터 경제 활성화**, **항공·관광·물류 융합형 비즈니스 모델 확대 등** 이러한 변화는 항공산업 전반의 경쟁력 강화뿐 아니라, 국가 경제 성장의 핵심축으로서 항공연관산업의 전략적 중요성을 더욱 부각시킬 것이다.

4. 항공 서비스

(1) 항공 서비스의 개념

항공 서비스(Airline Service)란 항공운송을 이용하는 고객에게 제공되는 모든 형태의 서비스 활동을 의미한다.

즉, 항공사가 여객과 화물을 안전하고 쾌적하게 운송하기 위하여 제공하는 유형적·무형적 가치의 종합적 활동이다.

항공 서비스는 단순한 교통수단으로서의 기능을 넘어, 고객의 여행 경험과 만족을 창출하는 가치경영의 핵심 요소로 인식된다.

따라서 항공 서비스는 '운송'이라는 기능적 목적뿐 아니라 '서비스 경험'이라는 감성적 가치를 동시에 제공한다.

(2) 항공 서비스의 정의

학문적으로 항공 서비스는 다음과 같이 정의할 수 있다.

"항공사가 고객의 이동 욕구를 충족시키기 위해 항공기 운항 전 과정에서 제공하는 **운송·안전·편의·감성적 만족 활동의 총체**이다."

또한, 국제항공운송협회(IATA)는 항공 서비스를 "항공운송 과정에서 고객이 경험하는 모든 접점(contact point)에서 제공되는 서비스 활동"이라고 정의하며, 고객과의 모든 상호작용이 서비스 품질의 일부로 간주된다고 명시하고 있다.

(3) 항공 서비스의 구성 요소

항공 서비스는 제공 시점과 형태에 따라 다음과 같이 구분된다.

가. 운항단계별 서비스 구분

구 분	주요 서비스 내용
사전서비스 (Pre-flight Service)	예약, 발권, 항공권 변경, 수하물 규정 안내, 탑승수속 지원 등
탑승서비스 (On-board Service)	승객 안내, 기내식 제공, 좌석 서비스, 안전 시연, 기내 판매, 응급 대응 등
사후서비스 (Post-flight Service)	수하물처리, 환승·입국 지원, 고객 불만 처리, 마일리지 관리 등

나. 서비스 성격에 따른 구분

A. **유형적 서비스** (Tangible Service) : 좌석, 기내식, 시설, 설비, 편의용품 등 물리적 요소

B. **무형적 서비스** (Intangible Service) : 승무원의 태도, 친절성, 신뢰감, 정시성 등 감성적 요소

(4) 항공 서비스의 주요 특성

A. **무형성** (Intangibility)

항공 서비스는 물리적으로 존재하지 않으며, 고객이 경험을 통해 인식하는 서비스이다.

B. **동시성** (Simultaneity)

서비스의 생산과 소비가 동시에 이루어지며, 승객과 승무원의 상호작용이 품질을 결정한다.

C. **이질성** (Heterogeneity)

서비스 제공자의 태도나 상황에 따라 품질이 달라질 수 있다.

D. **소멸성** (Perishability)

서비스는 재고로 보관할 수 없으며, 제공 시점이 지나면 소멸된다.

E. **고객 참여성** (Customer Participation)

승객의 협조와 참여가 서비스 경험의 질에 영향을 미친다.

예를 들어, 안전 수칙 준수나 질서 있는 탑승 등이 서비스의 효율성을 높인다.

(5) 항공 서비스의 목적

항공 서비스의 궁극적 목적은 **고객 만족**(Customer Satisfaction)과 **안전한 운송**(Safe Transport)이다.

이를 통해 항공사는 신뢰를 구축하고, 고객충성도(Customer Loyalty)를 확보하며, 브랜드 가치를 향상시킨다.

주요 목적은 다음과 같다.

고객의 이동 욕구 충족, 안전하고 편리한 운송 제공, 고객 감동과 브랜드 신뢰 형성, 경쟁우위 확보 및 기업 이미지 제고가 있다.

(6) 항공 서비스의 범위

항공 서비스는 **운송과 서비스가 결합된 복합산업 영역**으로 다음과 같은 범위를 포함한다.

A. **여객서비스** (Passenger Service) : 예약, 발권, 탑승, 기내, 도착 전 과정의 고객서비스

B. **화물서비스** (Cargo Service) : 물류관리, 항공화물 운송, 통관 지원 등

C. **공항서비스** (Airport Service) : 체크인, 라운지, 수하물, 안내, 보안 검색 등

D. **지원서비스** (Support Service) : 지상조업, 케이터링, 정비, 급유 등 간접적 서비스

(7) 항공 서비스의 중요성

항공 서비스는 단순한 고객 응대 수준을 넘어 **항공사의 경쟁력과 브랜드 이미지를 결정하는 핵심 요인**이다.

고객은 항공사의 기술적 안전성보다도 **서비스 경험**을 통해 기업의 가치를 판단하며, 이는 재이용 의도 및 기업 수익에 직접적인 영향을 미친다. 즉, 항공 서비스는 항공산업의 품질을 대표하는 '무형의 상품'이며, 고객 경험을 통해 기업경쟁력을 창출하는 핵심 요소이다.

에듀컨텐츠·휴피아
ECH Educontents·Huepia

제2장

객실승무원의 역할과 전문성

에듀컨텐츠·휴피아
CH Educontents·Huepia

1. 항공기 객실승무원의 개념

항공기 객실승무원(Cabin Crew)은 항공기 내에서 승객의 안전과 편의를 보장하고, 항공사의 서비스 품질을 대표하는 핵심 인력이다. 객실승무원은 단순한 서비스 제공자가 아니라, 비상 상황에서 승객의 생명을 보호하고 항공 운항의 안전을 책임지는 전문직으로 분류된다. 국제민간항공기구(ICAO)와 국제항공운송협회(IATA)에서도 객실승무원을 "Safety Specialist & Service Expert"로 규정하고 있다.

2. 항공기 객실승무원의 주요 역할

항공기 객실승무원(Cabin Crew)은 항공사에서 운항 중인 항공기의 객실 내에서 승객의 **안전(Safety)**과 **서비스(Service)**를 책임지는 전문인력이다.

객실승무원은 단순히 서비스를 제공하는 인력이 아니라, 비상상황 시 승객의 생명을 보호하고 항공기 운항의 안전을 지원하는 **안전관리자(Safety Professional)**의 역할을 수행한다.

따라서 객실승무원의 업무는 크게 **안전업무**와 **서비스업무**로 구분된다.

(1) 안전관리 역할 (Safety Duties)

항공기 객실승무원의 가장 중요한 임무는 **승객의 생명과 안전을 보호하는 것**이다. 이를 위해 다음과 같은 역할을 수행한다.

가. 탑승 전 안전 점검 (Pre-flight Safety Check)

비상구, 산소마스크, 구명조끼, 소화기 등의 안전 장비가 정상 작동하는지 확인한다.

객실 내 장비 및 좌석 안전벨트의 이상 여부를 점검한다.

나. 이착륙 시 안전 확보 (Takeoff & Landing Procedures)

승객의 좌석벨트 착용, 좌석 등받이 및 테이블 정리 여부를 확인한다.

비상구 주변의 통로가 확보되었는지 점검한다.

다. 비상 상황 대응 (Emergency Response)

항공기 화재, 감압, 기상 악화, 의료 응급상황 등 비상 상황 발생 시 즉각적으로 대응한다.

승객 대피를 유도하고, 항공기 내 응급처치(First Aid) 및 심폐소생술(CPR)을 수행한다.

라. 보안관리 (Security Control)

테러나 기내 난동 등 불법행위 발생 시 이를 예방하고 신속히 대응한다.

항공기 내 보안 규정을 준수하고 승객의 안전한 여행 환경을 유지한다.

(2) 서비스 제공 역할 (Service Duties)

객실승무원은 항공사의 이미지를 대표하며, 고객 만족을 위해 고품질의 서비스를 제공한다.

가. 기내 서비스 (In-flight Service)

식음료 서비스, 면세품 판매, 고객 요청 응대 등 다양한 서비스를 수행한다.

승객의 불편 사항을 신속하게 해결하며, 쾌적한 비행 환경을 조성한다.

나. 고객 응대 (Customer Care)

연령, 국적, 문화가 다양한 승객의 요구를 이해하고 맞춤형 서비스를 제공한다.

어린이, 노약자, 장애인 승객 등 특별 지원이 필요한 고객을 세심히 돌본다.

다. 항공사 이미지 제고 (Brand Representation)

단정한 복장과 친절한 태도로 항공사의 브랜드 가치를 전달한다.

국제선 운항 시 문화적 다양성을 이해하고 글로벌 서비스 마인드를 실천한다.

(3) 팀워크 및 커뮤니케이션 역할 (Teamwork & Communication)

항공기 내에서는 조종사, 동료 승무원, 지상직 직원 등과의 **원활한 의사소통과 협력**이 필수적이다.

- 기내 방송 및 승객 안내 시 명확하고 정확한 전달을 수행한다.
- 승무원 간 협력하여 서비스 및 안전 절차를 효율적으로 수행한다.

- 비상 상황 시 조종실과 객실 간 신속한 정보 공유를 통해 대응한다.

(4) 심리적 안정 제공 역할 (Emotional Support)

항공기 탑승은 일부 승객에게 불안과 긴장을 유발할 수 있다.

객실승무원은 친절한 미소, 차분한 말투, 안정적인 태도를 통해 승객의 심리적 안정을 돕는다.

이는 고객 만족뿐 아니라 비행 중 안전 유지에도 중요한 역할을 한다.

(5)결론

항공기 객실승무원은 단순한 서비스 제공자가 아닌, **안전과 고객 만족을 동시에 책임지는 항공 서비스 전문가**이다.

그들의 전문성과 책임감은 항공사 신뢰도의 핵심 요소이며, 항공운송산업의 품질을 결정짓는 중요한 인적자원이다.

3. 항공기 객실승무원의 전문성

(1) 객실승무원의 전문성 개념

항공기 객실승무원(Cabin Crew)은 단순히 서비스를 제공하는 직무를 넘어, **승객의 안전을 확보하고 항공사의 이미지를 대표하는 항공 서비스 전문인력**이다.

객실승무원의 전문성은 이들이 수행하는 **복합적 역할**-안전관리, 응급대응, 고객서비스, 국제적 커뮤니케이션-을 성공적으로 수행하기 위해 요구되는 **지식, 기술, 태도, 윤리의 종합적 역량**을 의미한다.

즉, 객실승무원의 전문성이란 항공기 운항의 안전성과 서비스 품질을 동시에 보장할 수 있는 **전문지식과 실무능력, 서비스 마인드의 결합체**라 할 수 있다.

(2) 객실승무원의 전문성 구성 요소

가. 안전 전문성 (Safety Expertise)

항공기 객실승무원에게 가장 우선되는 전문성은 **안전관리 능력**이다.

객실승무원은 항공기 내의 모든 승객이 안전하게 여행할 수 있도록 철저한 점검과 훈련을 반복적으로 수행한다.

A. **비상장비 숙달** : 산소마스크, 구명조끼, 슬라이드, 소화기 등의 사용법을 숙지하고 점검한다.

B. **응급상황 대처 능력** : 화재, 감압, 의료 응급상황 등 다양한 비상 상황 시 신속하고 정확한 판단으로 대응하는 능력을 갖춘다.

C. **항공보안 관리 능력** : 테러, 기내 난동, 폭발물 위협 등 항공보안 사고에 대한 예방 및 대응 훈련을 수행한다.

이러한 안전 전문성은 국제민간항공기구(ICAO)와 각국 항공당국의 규정에 따라 정기적으로 평가되고 훈련된다.

나. 서비스 전문성 (Service Professionalism)

객실승무원은 항공사의 **이미지를 대표하는 서비스 전문가**로서, 단순한 친절을 넘어 **고객 중심의 맞춤형 서비스 제공** 능력을 갖추어야 한다.

A. **고객만족 중심 서비스** : 승객의 요구를 사전에 파악하고, 세심한 서비스로 만족도를 높인다.

B. **다문화 이해능력** : 다양한 국적과 문화를 가진 고객과 원활히 소통하기 위해 국제적인 매너와 언어 능력 필요.

C. **품격 있는 이미지 유지** : 단정한 복장, 정확한 언어 표현, 태도 등은 항공사의 브랜드 가치와 직결된다.

서비스 전문성은 객실승무원이 '공중에서의 고객 접점' 역할을 수행하는 핵심 역량으로, 항공사의 경쟁력을 결정짓는 요인이 된다.

다. 응급 대응 전문성 (Emergency & Medical Response Competency)

항공기 내에서 발생할 수 있는 응급상황에 즉시 대응할 수 있는 능력 또한 객실승무원의 필수 전문성이다.

A. **응급처치 및 심폐소생술(CPR)** 수행 능력

B. **기내 의료장비(AED, 응급의약품 키트 등) 사용 숙련도**

C. **의료전문가 협조체계 이해** : 탑승 의료인, 지상 의료센터와의 신속한 협업

이러한 응급 대응 전문성은 단순한 훈련 이상의 의미를 가지며, 승객의 생명과 직결되는 고도의 직업 윤리적 책임감을 요구한다.

라. 커뮤니케이션 전문성 (Communication Expertise)

항공기 객실승무원은 다양한 언어, 문화, 연령층의 승객과 상호작용한다.

따라서 원활한 **언어적·비언어적 커뮤니케이션 능력**은 필수적이다.

A. **다언어 구사 능력** : 영어는 물론, 주요 노선 국가 언어 활용 능력

B. **정확한 방송 전달 및 안내 기술**

C. **팀워크 커뮤니케이션** : 조종사, 지상직, 동료 승무원과의 협업 및 정보공유 능력

효과적인 커뮤니케이션은 고객 만족과 안전관리 두 측면에서 모두 핵심적인 역할을 한다.

마. 윤리적 전문성 (Ethical Professionalism)

객실승무원은 높은 수준의 **직업윤리와 책임감**을 바탕으로 업무를 수행해야 한다.

이는 고객의 생명, 재산, 개인정보를 다루는 직무 특성상 필수적이다.

A. **정직성과 신뢰성 유지**

B. **공정한 고객 응대**

C. **직무기밀 및 고객정보 보호**

D. **조직 내 윤리 기준 준수**

윤리적 전문성은 항공사 내부의 서비스문화와 신뢰도를 유지하는 근간이 된다.

(3) 객실승무원의 전문성 강화를 위한 교육과정

객실승무원의 전문성은 체계적인 **교육훈련 시스템**을 통해 강화된다.

국내외 항공사는 다음과 같은 단계를 통해 전문인력을 양성한다.

가. 입사 전 교육 (Pre-Employment Education)

항공서비스학, 항공안전관리, 서비스매너, 항공영어 등 이론 중심 교육 대학 및 항공교육 기관에서 기본 소양을 습득한다.

나. 신입 훈련 (Initial Training)

항공사 입사 후 안전 훈련, 비상탈출, 응급처치, 서비스 매뉴얼 교육 실시

국제항공기구 기준(ICAO/FAA/EASA)에 맞춘 인증훈련

다. 정기 훈련 및 재자격 훈련 (Recurrent & Refresher Training)

일정 기간마다 안전 및 서비스 관련 재교육 실시하며, 시뮬레이터를 활용한 실무 중심 훈련

라. 리더십 및 승무관리자 교육 (Leadership Training)

선임사무장(Purser) 및 팀리더 승무원 대상으로 리더십, 위기관리, 고객 불만 해결 능력 교육

(4) 객실승무원의 전문성의 중요성

객실승무원의 전문성은 항공사 경쟁력의 핵심 요소로서 다음과 같은 측면에서 중요하다.

가. 항공안전 보장 : 훈련된 전문인력만이 비상상황에서 인명 피해를 최소화할 수 있음.

나. 서비스 품질 향상 : 전문성 높은 승무원은 고객 만족과 재이용률을 높인다.

다. 브랜드 가치 강화 : 승무원의 태도와 언행은 항공사의 이미지와 신뢰도에 직접적인 영향을 미친다.

라. 조직문화 발전 : 전문성이 높은 인력은 내부 협력과 리더십을 강화시켜 항공사 운영 효율성을 제고한다.

(5) 항공기 객실승무원의 역할 변화와 확장

항공산업의 글로벌화 및 기술 발전에 따라 객실승무원의 역할도 확대되고 있다.

과거 단순한 기내 서비스 중심에서 현재는 **위기 대응 전문가**, **브랜드 이미지 관리자**, **다문화 커뮤니케이터**의 역할까지 수행하고 있다.

또한 ESG 경영과 지속가능 항공 서비스의 강화로 인해 환경 친화적 서비스, 고객 다양성 존중 등의 가치 실현에도 앞장서고 있다.

(6) 정리 및 시사점

객실승무원은 단순히 승객을 안내하고 음료를 제공하는 직업이 아니라, **항공 안전의 최전선에서 전문성과 책임감을 바탕으로 업무를 수행하는 핵심 인력**이다.

대학생들은 이 직무에 대한 올바른 이해를 바탕으로, 안전 지식·언어 능력·서비스 역량을 균형 있게 개발할 필요가 있다.

또한 항공산업의 변화에 유연하게 대응할 수 있는 **글로벌 역량**을 갖추는 것이 중요하다.

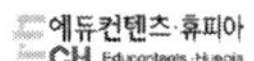

에듀컨텐츠·휴피아
CH
Educontents·Huepia

제3장

항공기 객실서비스의 원칙과 품질 관리

1. 항공기 객실서비스의 개념

항공기 객실서비스(Airline Cabin Service)란 항공운송 과정에서 **승객의 안전과 편의를 보장하고, 쾌적한 비행 경험을 제공하기 위해 객실승무원이 수행하는 일련의 서비스 활동**을 말한다.

이는 단순히 기내에서의 식음료 제공이나 친절한 응대에 국한되지 않고, **승객의 안전 확보, 심리적 안정 제공, 문화적 만족, 서비스 품질 관리** 등을 포함하는 **종합적 서비스 행위**이다.

즉, 항공기 객실서비스는 **항공운송산업의 본질적 기능인 '안전한 이동'에 인간적 가치를 더하는 과정**으로, 고객만족과 항공사 경쟁력의 핵심 요소로 작용한다.

2. 항공기 객실서비스의 목적

항공기 객실서비스의 궁극적인 목적은 **'안전(Safety)'과 '고객만족(Customer Satisfaction)'의 조화로운 실현**이다.

항공사가 승객을 목적지까지 안전하게 운송하는 것은 기본이지만, 승객이 비행 동안 편안하고 긍정적인 경험을 하는 것 역시 매우 중요하다.

항공기 객실서비스의 주요 목적은 다음과 같다.

(1) 승객의 안전 확보

비상상황 시 신속한 대응과 구조활동을 통해 생명 보호

안전교육 및 규정 준수를 통한 사고 예방

(2) 승객의 편의 증진

기내 환경 관리(온도, 조명, 좌석 청결 등)

다양한 서비스 제공으로 여행의 피로 완화

(3) 고객만족 및 감동 창출

맞춤형 서비스 제공을 통한 긍정적 경험 형성

항공사 이미지 제고 및 재이용 유도

(4) 항공사 브랜드 가치 강화

객실서비스는 항공사의 품격과 신뢰도를 대표하는 핵심 수단

차별화된 서비스 전략을 통해 시장 경쟁력 확보

3. 항공기 객실서비스의 특성

항공기 객실서비스는 일반적인 지상 서비스와 달리, 항공기라는 **제한된 물리적 공간**과 **고도 10,000m 상공의 특수 환경**에서 이루어지는 서비스이다.

따라서 다음과 같은 고유한 특성을 가진다.

(1) 제한된 공간에서의 서비스 제공

좌석 간 간격, 복도 폭 등 물리적 제약이 크며, 효율적인 동선 관리가 요구된다.

(2) 시간적 제약과 신속성 요구

이륙부터 착륙까지의 한정된 시간 안에 모든 승객에게 서비스를 제공해야 한다.

(3) 안전과 서비스의 병행 수행

승무원은 서비스 제공자이자 안전관리자로서, 상황에 따라 역할을 즉시 전환해야 한다.

(4) 다문화·다언어 환경에서의 서비스

국제선 운항 시 다양한 국적과 문화를 가진 승객을 응대해야 하므로, 언어 능력과 문화적 감수성이 필수적이다.

(5) 고도의 팀워크 필요

객실승무원 간, 조종사 및 지상직과의 긴밀한 협조가 요구되며, 팀 단위의 협업이 필수적이다.

4. 항공기 객실서비스의 구성 요소

항공기 객실서비스는 단순한 '기내 서비스'가 아닌 **전 과정에서의 서비스 프로세스**로 이해되어야 한다.

즉, 탑승 전 → 비행 중 → 착륙 후의 단계별 서비스가 통합적으로 작동한다.

구 분	주요 내용
탑승 전 서비스(Pre-boarding Service)	게이트 인사, 탑승 안내, 특별 고객 지원, 탑승 전 좌석 정비 및 준비
비행 중 서비스 (In-flight Service)	식음료 서비스, 기내 방송, 고객 요청 응대, 면세품 판매, 응급상황 대응
착륙 후 서비스 (Post-flight Service)	하차 안내, 분실물 처리, 고객 의견 수렴, 다음 운항을 위한 객실 정비

이러한 전 과정이 유기적으로 연결되어 승객이 느끼는 **전체적 고객 경험**(Total Passenger Experience) 을 결정짓는다.

5. 항공기 객실서비스의 발전 배경

항공기 객실서비스는 항공운송산업의 발전과 함께 **양적 확대와 질적 고도화**를 이루어왔다.

(1) 초기 단계 (1930~1960년대)

안전 중심의 기본 서비스 제공

소수의 승객 대상 식음료 서비스 위주

(2) 성장 단계 (1970~1990년대)

상업 항공의 대중화로 고객서비스 강화

퍼스트, 비즈니스, 이코노미 등 클래스별 차별화 서비스 도입

(3) 현대 단계 (2000년대 이후)

고객 맞춤형 서비스, 디지털 서비스 도입

기내 엔터테인먼트, 웰빙식, 프리미엄 라운지 등 부가가치 중심 서비스 확대

(4) 미래 단계 (2020년대 이후)

AI 기반 맞춤 서비스, 지속가능한 친환경 서비스, 비대면 기술 서비스 강화

6. 항공기 객실서비스의 중요성

항공기 객실서비스는 단순한 고객 응대 이상의 의미를 가진다.

이는 항공사의 **이미지, 고객충성도, 수익성, 브랜드 신뢰도**를 좌우하는 핵심 요인으로 작용한다.

(1) **고객만족 향상** : 서비스 품질은 재이용률과 고객충성도에 직결된다.

(2) **항공사 차별화** : 기내 서비스 수준이 경쟁우위를 결정한다.

(3) **브랜드 이미지 제고** : 승무원의 태도와 서비스 품질은 항공사의 '얼굴'로 인식된다.

(4) **국가 이미지 강화** : 국적 항공사의 서비스는 곧 그 나라의 문화 수준을 반영한다.

7. 항공기 객실서비스의 기본 원칙

(1) 항공기 객실서비스의 기본개념

항공기 객실서비스는 단순히 고객을 응대하는 서비스 행위가 아니라, **항공 안전과 고객 만족을 동시에 달성하기 위한 체계적 서비스 활동**이다.

객실승무원은 항공사의 대표이자 승객의 안전관리자, 그리고 서비스 전문가로서 **항공운송의 목적(안전한 이동)**과 **서비스의 본질(고객의 만족)**을 조화시켜야 한다.

따라서 객실서비스는 감정적 친절에 의존하는 것이 아니라, 명확한 **원칙과 기준에 기반한 전문적 서비스 수행**을 전제로 한다.

(2) 항공기 객실서비스의 기본 원칙

항공기 객실서비스의 기본 원칙은 국제항공운송의 표준 서비스 지침과 항공사 운영 철학을 바탕으로 구성되며, **안전**(Safety), **정확성**(Accuracy), **친절**(Courtesy), **일관성**(Consistency), **전문성**(Professionalism)의 다섯 가지로 정리할 수 있다.

가. 안전의 원칙 (Principle of Safety)

항공 서비스의 모든 행위는 **'안전'**을 최우선으로 한다.

객실승무원의 모든 서비스 절차는 승객의 편안함보다도 먼저 **비행 안전 확보**를 목표로 한다.

- **비상 상황 대비** : 모든 서비스는 비상대응 절차를 방해하지 않도록 설계되어야 한다.
- **규정 준수** : 항공법규, 안전지침, 승무원 매뉴얼을 철저히 준수해야 한다.
- **승객 안전 확보** : 안전벨트 착용, 수하물 정리, 비상구 확보 등 기본 안전조치를 철저히 점검한다.

안전은 서비스의 출발점이자 궁극적 목표이다.

나. 정확성의 원칙 (Principle of Accuracy)

항공 서비스는 제한된 시간과 공간 속에서 다수의 고객에게 제공되므로 **정확한 절차와 정보전달**이 중요하다.

- **정확한 안내** : 기내 방송, 승객 안내, 스케줄 정보 등은 명확하고 일관되게 전달되어야 한다.

- **절차의 정확성** : 서비스 순서, 식음료 제공, 고객 요청 처리 등은 매뉴얼에 따라 신속·정확하게 수행되어야 한다.
- **정보의 신뢰성 유지** : 잘못된 정보 제공은 항공사 신뢰도에 직접적인 손상을 초래한다.

정확한 서비스는 안전과 신뢰의 기반을 형성한다.

다. 친절의 원칙 (Principle of Courtesy)

항공기 객실서비스는 고객과의 **직접적인 인간적 상호작용**을 바탕으로 한다.

승객의 다양한 요구와 감정을 이해하고, 친절하고 공감적인 태도로 응대하는 것은 서비스의 기본이다.

- **미소와 배려의 태도 유지**
- **승객의 문화적 다양성 존중**
- **감정노동 관리** : 친절은 감정 표현이 아니라, 고객의 감정을 존중하는 전문적 대응이다.

친절은 고객의 마음을 안정시키고, 항공사 이미지를 형성한다.

라. 일관성의 원칙 (Principle of Consistency)

항공사는 다수의 승무원이 동일한 기준으로 서비스를 제공해야만 **서비스 품질의 신뢰성**을 확보할 수 있다.

즉, 누구에게나, 어느 노선에서나, 언제나 동일한 품질의 서비스를 유지하는 것이 중요하다.

- **서비스 표준화(Standardization)** : 항공사별 매뉴얼과 절차를 모든 승무원이 동일하게 준수
- **품질 관리(Quality Control)** : 정기 평가 및 피드백을 통한 일관된 서비스 수준 유지
- **고객 경험의 일체감 제공** : 승객이 어느 노선을 이용하든 동일한 품격을 체험하게 함

일관성은 고객 신뢰의 핵심이며, 브랜드 충성도를 높인다.

마. 전문성의 원칙 (Principle of Professionalism)

객실서비스는 감정적 친절에 그치지 않고, 훈련과 지식을 기반으로 한 **전문적 판단과 수행 능력**을 요구한다.

- **항공 안전 및 응급 대응 지식 보유**
- **언어·문화적 역량 및 서비스 매너 숙지**
- **위기상황 시 냉정한 판단력과 리더십 발휘**

전문성은 단순히 '서비스 기술'을 넘어, 항공인의 자부심과 윤리를 내면화한 **직업적 태도**

를 의미한다.

전문성은 객실승무원의 정체성이며, 항공사 신뢰도의 원천이다.

(3) 항공기 객실서비스 기본원칙의 중요성

가. 승객 신뢰 확보

원칙에 기반한 서비스는 고객에게 안정감과 신뢰를 제공한다.

나. 항공사 품질관리 기준 마련

명확한 원칙은 서비스 평가와 개선의 기준이 된다.

다. 위기 대응 능력 향상

평상시 원칙 준수는 비상 상황에서도 정확하고 일관된 행동을 가능하게 한다.

라. 브랜드 이미지 제고

원칙적 서비스 수행은 항공사의 전문성과 품격을 강화한다.

8. 항공기 객실서비스의 실천 기준

항공기 객실서비스는 승객의 안전을 기반으로 하여 편의·친절·전문성을 종합적으로 제공하는 서비스 활동이다. 객실승무원은 항공사 이미지의 최전선에서 승객과 직접 접촉하므로, 모든 행동과 의사소통은 일관된 기준에 따라 수행되어야 한다.

다음은 객실서비스 수행 시 준수해야 할 주요 실천 기준이다.

(1) 안전(Safety)을 최우선으로 하는 서비스

항공기 내 모든 서비스는 안전을 전제로 이루어진다. 승무원은 비상시 대응 절차, 안전설비 조작법, 응급상황 관리 역량을 갖추어야 하며, 이착륙 및 난기류 등 상황에 따라 신속하고 정확하게 승객의 안전벨트 착용과 객실 정리 상태를 점검해야 한다.

또한 승객에게 안전 브리핑을 명확히 제공하고, 안전 관련 요구 상황에서는 서비스 제공보다 안전 확보를 우선해야 한다.

(2) 표준화된 서비스 절차 준수

객실서비스는 항공사에서 정한 매뉴얼에 따라 표준화된 절차로 제공되어야 한다.

식음료 서비스 제공 순서, 승객 응대 방식, 탑승 및 하기 지원 절차 등 모든 활동은 규정에 맞춰 일정한 품질로 수행되어야 하며, 개인적 방식이나 임의적 변형을 최소화해야 한다.

이를 통해 항공사의 브랜드 신뢰성과 일관된 서비스 경험을 보장한다.

(3) 전문적이고 품격 있는 태도 유지

승무원은 서비스 전문가로서 단정한 용모, 공손한 언어, 침착한 태도를 유지해야 한다.

승객의 요구가 많거나 상황이 복잡하더라도 감정적 대응을 자제하고, 상황을 객관적으로 판단해 적절한 솔루션을 제시해야 한다.

또한 국제적인 환경을 고려하여 문화적 차이를 존중하고, 다양한 언어와 비언어적 표현을 이해할 수 있는 글로벌 커뮤니케이션 능력을 갖추어야 한다.

(4) 친절하고 공감하는 고객 중심 서비스

승객의 불편을 최소화하고 만족을 극대화하기 위해서는 공감과 배려가 필수적이다.

승객의 감정 상태를 관찰하고, 필요사항을 선제적으로 파악하며, 불만이나 문의가 있을 경우 경청한 후 명확하고 친절하게 대응해야 한다.

승객의 특별 요청(영유아 동반, 노약자, 장애인 등)에도 적절히 지원함으로써 모두에게 편안한 비행 경험을 제공해야 한다.

(5) 신속성·정확성을 갖춘 업무 수행

기내 업무는 시간과 상황에 따라 빠르게 변동하므로, 승무원은 주어진 시간 내 효율적으로 서비스를 제공해야 한다.

기내식 제공, 객실 점검, 기내 판매 등 주요 업무는 정확하고 신속하게 이루어져야 하며, 팀원 간 협업을 통해 업무 흐름을 방해하지 않도록 한다.

또한 문제 상황 발생 시 관련 부서와 즉각적으로 소통하여 해결 시간을 줄여야 한다.

(6) 개인정보 및 프라이버시 보호

승객의 신상정보, 여행 목적, 좌석 정보 등은 보호 대상이며, 승무원은 이를 외부에 유출하거나 사적인 목적으로 활용해서는 안 된다.

승객 간 갈등 상황이나 사생활 침해 위험이 감지될 경우 승무원은 조용하고 배려 있는 방식으로 문제를 해결해야 하며, 승객의 개인 공간을 존중하는 태도를 유지해야 한다.

(7) 청결·위생 관리 기준 준수

기내는 다수의 승객이 밀집한 공간이므로 청결과 위생 관리가 엄격하게 이루어져야 한다. 승무원은 식음 서비스 도구, 화장실, 객실 좌석 주변 등의 위생 상태를 지속적으로 점검해야 하며, 승객에게 제공되는 식음료는 취급 절차에 따라 청결하게 관리해야 한다. 감염병 상황에서는 보호장비 착용, 손 위생 준수, 접점 최소화 등 추가적인 위생 지침을 따라야 한다.

(8) 상황 대응 능력과 문제 해결 중심 서비스

기내는 예측하기 어려운 돌발 상황이 발생할 수 있는 공간이다.

승무원은 승객 간 분쟁, 의료 응급, 시스템 장애, 기상 상황 등 다양한 이슈에 신속하게 대응해야 한다.

이때 개인 판단이 아닌 매뉴얼과 규정에 근거하여 상황을 통제하며, 필요시 기장 및 지상 담당 부서와 긴밀히 협조해 최적의 해결책을 마련한다.

(9) 팀워크 기반의 협력적 서비스

객실서비스는 팀 단위로 이루어지므로, 승무원 간 협력은 서비스 품질에 직접적인 영향을 미친다. 승무원은 서로의 업무 영역을 이해하고 원활한 의사소통을 유지하며, 문제 발생 시 서로 지원하는 태도를 가져야 한다.

이는 승객 경험의 일관성을 높이고 전반적인 서비스 품질 향상에 기여한다.

(10) 결론

항공기 객실서비스의 실천기준은 단순한 친절 제공을 넘어, **안전·전문성·일관성·배려·팀워크**를 모두 포함하는 종합적 기준이다.

승무원은 이러한 기준을 바탕으로 승객에게 안전하고 쾌적한 항공 여행 경험을 제공해야 하며, 이를 통해 항공사의 브랜드 가치를 높이는 핵심 역할을 수행하게 된다.

9. 항공기 객실서비스의 품질 관리 개념

(1) 항공기 객실서비스 품질 관리의 의의

항공기 객실서비스의 품질 관리(Quality Management in Cabin Service)는 **고객이 항공 여행 전 과정에서 경험하는 서비스 품질을 체계적으로 관리하고 향상시키는 활동**을 의미한다.

이는 단순히 서비스를 제공하는 수준을 넘어서, **항공사의 경쟁력 확보와 고객 충성도 유지**를 위한 핵심 전략으로 기능한다.

항공산업은 무형의 서비스 상품을 다루기 때문에, 서비스의 질을 일정하게 유지하기가 어렵다. 따라서 객실서비스의 품질 관리는 **고객 만족**(Customer Satisfaction)과 **서비스 일관성**(Service Consistency)을 확보하는 중요한 관리 기능이라 할 수 있다.

(2) 항공기 객실서비스 품질 관리의 목표

객실서비스 품질 관리의 궁극적인 목적은 **고객에게 안전하고 만족스러운 비행 경험을 제공**함으로써 항공사의 신뢰성과 브랜드 이미지를 높이는 것이다.

이를 위해 다음과 같은 세부 목표가 설정된다.

가. 서비스 표준화 (Service Standardization)

항공사별로 설정된 서비스 절차와 기준을 통해 모든 승객에게 균일한 서비스 품질을 제공한다.

나. 고객 만족 향상 (Enhancement of Customer Satisfaction)

고객의 기대와 요구를 파악하고 이를 충족시키기 위한 서비스 개선 활동을 지속적으로 수행한다.

다. 서비스 오류 예방 (Prevention of Service Errors)

기내 서비스 제공 과정에서 발생할 수 있는 불만, 불편, 실수를 최소화하기 위해 체계적인 점검과 피드백 시스템을 운영한다.

라. 브랜드 이미지 강화 (Strengthening Brand Image)

고품질의 서비스를 통해 항공사의 신뢰도와 긍정적 이미지를 강화하고, 고객의 재이용률을 높인다.

(3) 항공기 객실서비스 품질 관리의 주요 요소

항공기 객실서비스 품질 관리는 승객에게 제공되는 모든 서비스의 질을 일정하게 유지하고, 고객 만족을 극대화하기 위한 체계적인 관리 활동이다.

항공사별 서비스 기준은 다르지만, 전 세계적으로 공통적으로 중시되는 **핵심 품질 관리 요소**는 다음과 같다.

가. 서비스 표준화 (Service Standardization)

서비스 표준화는 항공사가 고객에게 제공하는 모든 서비스 절차를 **명확한 기준과 매뉴얼**로 설정하여 일관성을 유지하는 것이다.

객실승무원 개인의 감정이나 상황에 따라 서비스가 달라지지 않도록 통일된 기준을 마련해야 한다.

◆ **주요 내용**

탑승 인사, 식음료 제공, 비상시 안내 등 모든 절차에 대한 표준 매뉴얼 운영

항공사 브랜드 철학과 이미지에 부합하는 언어, 태도, 행동 기준 수립

노선별·등급별(퍼스트, 비즈니스, 이코노미) 차별화된 서비스 기준 관리

◆ **효과**

서비스 품질의 일관성 유지

고객이 기대하는 수준 이상의 신뢰감 제공

나. 고객 만족 관리 (Customer Satisfaction Management)

항공 서비스의 핵심 목표는 고객이 비행을 통해 **심리적·기능적 만족을 경험하도록 하는 것**이다.

이를 위해 항공사는 다양한 고객 만족 측정 도구를 활용하여 피드백을 수집하고, 이를 바탕으로 서비스 개선 활동을 실시한다.

◆ **주요 내용**

고객만족도 조사(CSI) 및 설문조사 실시

불만 접수 및 처리 절차의 신속화

고객 피드백을 서비스 개선 및 교육자료로 반영

◆ **효과**

서비스 개선의 방향성 확보

고객 충성도(Loyalty) 및 재이용률 증대

다. 객실승무원 교육 및 훈련 (Training & Development)

객실서비스 품질의 수준은 **객실승무원의 역량과 태도**에 의해 결정된다.

따라서 항공사는 지속적이고 체계적인 교육을 통해 승무원의 전문성을 유지하고, 서비스 품질을 향상시킨다.

◆ **주요 내용**

신규 및 재직 승무원 대상 정기 서비스 교육

고객 응대 스킬, 감정노동 관리, 글로벌 매너, 언어교육 실시

비상 상황 대응 및 응급처치 훈련 병행

◆ **효과**

서비스 수행 능력 향상

위기 대응 및 고객 관리 역량 강화

라. 서비스 품질 점검 및 평가 (Service Quality Audit & Evaluation)

항공사는 정기적인 점검을 통해 객실 내 서비스 품질을 평가하고, 문제점을 개선한다.

이는 객관적이고 지속적인 품질 관리를 위해 필수적인 절차이다.

◆ **주요 내용**

모니터링 제도 : 탑승객 또는 내부 평가자가 실제 비행 중 서비스 품질을 평가

비밀 평가(Mystery Passenger) 제도를 통한 서비스 품질 점검

정기 내부 감사(Audit)를 통한 절차 및 표준 준수 여부 확인

◆ **효과**

서비스 편차 최소화

개선사항 도출 및 피드백 시스템 강화

마. 피드백 및 개선 시스템 (Feedback & Continuous Improvement)

고객과 승무원으로부터 수집된 피드백은 서비스 품질 향상의 핵심 자료이다.
항공사는 이를 체계적으로 분석하여 서비스 개선에 반영해야 한다.

◆ **주요 내용**

고객 불만, 제안사항, 서비스 불편 사례 등 데이터 수집
문제 원인 분석 및 개선 조치 계획 수립
우수 서비스 사례를 공유하고 내부 표준으로 확산

◆ **효과**

고객 중심의 서비스 개선 실현
서비스 실패(Service Failure) 예방 및 재발 방지

바. 서비스 환경 및 물리적 요소 관리 (Physical Evidence Management)

항공기의 객실 환경은 고객의 서비스 품질 인식에 직접적인 영향을 미친다.
따라서 객실 내 **청결도, 조명, 온도, 소음, 향기, 좌석의 편의성** 등 물리적 환경 요소를 지속적으로 관리해야 한다.

◆ **주요 내용**

좌석 및 기내 설비 점검 및 유지보수
식기, 유니폼, 브로셔 등 시각적 요소의 통일성 관리
쾌적하고 위생적인 객실 환경 조성

◆ **효과**

고객의 체감 품질 향상
브랜드의 프리미엄 이미지 강화

사. 리더십 및 조직문화 (Leadership & Service Culture)

객실서비스 품질 관리는 조직 전체의 협력과 리더십에 의해 뒷받침된다.
객실사무장(Purser)과 팀 리더는 승무원들이 표준 절차를 준수하고 협력할 수 있도록 **서비스 리더십**을 발휘해야 한다.

◆ **주요 내용**

서비스 목표와 비전을 전 직원에게 공유
팀워크, 커뮤니케이션, 긍정적 조직문화 조성

서비스 우수 직원에 대한 포상 제도 운영

- **효과**

조직 내 서비스 마인드 정착

직원 만족도 향상과 고객 서비스 품질 간 선순환 구조 형성

〈결론〉

항공기 객실서비스의 품질 관리는 단순한 서비스 평가 활동이 아니라, **조직의 전략적 경쟁력 확보를 위한 종합적 관리 체계**이다.

서비스 표준화, 교육훈련, 점검과 피드백, 환경관리, 조직문화 등 다양한 요소가 유기적으로 작용할 때, 항공사는 지속적인 고객 만족과 브랜드 신뢰를 확보할 수 있다.

(4) 서비스 품질 측정 방법

항공 서비스 품질은 눈에 보이지 않기 때문에, 이를 평가하기 위한 **체계적인 측정 기준**이 필요하다. 대표적인 이론적 틀로는 다음이 있다.

가. SERVQUAL 모형 (Parasuraman, Zeithaml & Berry)

항공 서비스 품질을 다섯 가지 차원에서 측정한다.

- **신뢰성(Reliability)** : 약속한 서비스를 정확하게 수행하는 정도
- **응답성(Responsiveness)** : 고객 요구에 신속히 대응하는 태도
- **확신성(Assurance)** : 승무원의 전문성, 예의, 신뢰감 제공
- **공감성(Empathy)** : 고객 개개인에 대한 관심과 배려
- **유형성(Tangibles)** : 좌석, 유니폼, 기내 시설 등 물리적 환경

나. CSI (Customer Satisfaction Index)

고객의 전반적인 만족 수준을 수치화하여, 서비스 품질 개선의 방향을 설정한다.

다. NPS (Net Promoter Score)

고객이 항공사를 타인에게 추천할 의향이 있는지를 측정하여, 브랜드 충성도를 평가한다.

(5) 항공기 객실서비스 품질 관리의 중요성

항공사 간 경쟁이 심화된 현대 항공시장에서는, **서비스 품질이 곧 기업 경쟁력**으로 직결된다. 객실서비스의 품질이 높을수록 고객의 재이용 의도, 긍정적 구전효과, 브랜드 신뢰도가 증가하며, 이는 항공사의 수익성에도 직접적인 영향을 미친다.

또한 항공 서비스는 **무형적 가치(Intangible Value)**를 기반으로 하기 때문에, 품질 관리는 단순한 평가가 아니라 **항공사의 신뢰와 이미지, 고객 감정의 관리**까지 포함하는 전략적 요소이다.

결론적으로 항공기 객실서비스의 품질 관리는 항공사가 고객에게 제공하는 모든 경험의 질을 결정짓는 핵심적인 관리 활동이다.

객실승무원의 전문성, 표준화된 서비스 절차, 체계적인 피드백 시스템, 그리고 고객 중심의 개선 노력이 통합될 때, 항공사는 지속가능한 서비스 경쟁력을 확보할 수 있다.

(6) 항공기 객실서비스 품질 향상을 위한 전략

가. **지속적인 승무원 교육 강화**: 실습 중심의 교육으로 현장 대응력을 높인다.

나. **디지털 기술 활용**: 태블릿 기반 오더 시스템, 고객 데이터 기반 맞춤형 서비스 도입

다. **서비스 차별화 전략**: 프리미엄 서비스, 브랜드 스토리텔링 강화

라. **고객경험(CX) 기반의 품질 평가 체계 확립**: NPS(Net Promoter Score) 등 정량적 지표 도입

(7) 정리 및 시사점

항공기 객실서비스는 단순한 기내 편의 제공이 아니라 **승객의 전반적인 항공 여행 경험을 결정하는 핵심 서비스 활동**이다.

이 서비스가 일정 수준 이상의 품질로 제공되기 위해서는 **명확한 서비스 원칙**, **표준화된 절차**, **체계적인 품질관리 시스템**이 필요하다.

향후 항공산업에서는 **고객 맞춤형 서비스**와 **디지털 기반 품질 관리**가 더욱 강화될 전망이다.

대학생들은 이 분야의 이론적 기반과 함께 현장 적용 능력을 겸비하는 것이 중요하다.

에듀컨텐츠·휴피아
ECH Educontents·Huepia

제4장

항공기 객실서비스 절차

에듀컨텐츠·휴피아
ECH Educontents·Huepia

1. 항공기 객실서비스 절차의 개념

항공기 객실서비스 절차란 항공사가 표준화된 매뉴얼을 바탕으로 **탑승 전부터 착륙 후까지** 승객에게 일관된 서비스를 제공하기 위해 마련된 단계별 활동을 말한다.

객실서비스 절차는 승무원의 **팀워크, 시간 관리, 고객 응대 능력**이 종합적으로 발휘되는 과정으로, 서비스 품질과 고객 만족을 좌우하는 핵심 요소이다.

항공사에 따라 세부 절차는 다소 차이가 있지만, 일반적으로 **출발 전 → 탑승 → 이륙 후 → 순항 중 → 착륙 전 → 착륙 후**의 흐름으로 진행된다.

2. 항공기 객실서비스 절차의 주요 단계

(1) 출발 전 준비 (Pre-Boarding)

- 브리핑 (Briefing)
  운항편 정보(노선, 비행시간, 승객 수, 특이사항) 공유
  비상 상황 역할 분담 및 서비스 순서 확인
  기내 서비스 품목, 특별 요청사항(특별식, VIP, 유아 등) 점검
- 기내 점검 (Pre-Flight Check)
  안전 장비, 비상구, 산소마스크, 구명조끼 등 점검
  좌석 및 조명, 기내 엔터테인먼트, 화장실 상태 점검
  서비스 장비(식음료 카트, 기내 용품) 확인 및 세팅
- 탑승 준비 (Boarding Preparation)
  출입문 오픈 및 탑승객 맞이 준비
  안내 방송 점검 및 기내 환경 정비

(2) 탑승 (Boarding)

- 승객 탑승 시 인사 및 좌석 안내

- 수하물 보관 및 캐빈 수납 점검
- 탑승 완료 후 안전 점검(좌석벨트, 수하물 위치, 좌석 등받이 등)
- 특별 고객(VIP, 장애인, 유아 동반자 등) 우선 지원
- 출발 전 Welcome Service 제공(환영 인사, 웰컴드링크 등 - 운항 등급에 따라 상이)

(3) 이륙 후 서비스 (After Take-off)

- **안전벨트 사인 소등 후 서비스 개시**
- 식음료 카트 세팅 및 서비스 시작
- 좌석 등급에 따른 차별화된 서비스 제공
- **기내 안내 방송**: 기내식 시간, 기내 엔터테인먼트 안내, 목적지 정보 제공
- 특별식 및 유아식, 알레르기식 우선 배포
- 음료 서비스(커피, 차, 와인 등) 및 식사 제공

(4) 순항 중 서비스 (Cruise)

- 기내 환경 유지(온도, 조명, 소음 등)
- 승객 요청사항 처리 및 모니터링
- 면세품 판매(Duty Free Sales)
- 화장실 점검 및 기내 정리
- 특별 고객 서비스: 유아 케어, 노약자 지원, 의료 요청 대응

✈ Tip: 순항 중은 고객 만족을 극대화할 수 있는 핵심 시간으로, 세심한 관찰과 적극적인 고객 응대가 중요하다.

(5) 착륙 전 서비스 (Pre-Arrival)

- 기내 정리 및 수거 서비스(식기, 쓰레기 등)
- 입국 및 세관 안내 방송 실시
- 승객 좌석 및 수하물 점검(등받이 원위치, 테이블 정리, 수하물 수납)
- 착륙 안내 및 안전벨트 착용 확인
- 조명 조절 및 객실 점검 완료 보고

(6) 착륙 후 서비스 (Post-Flight)

- 안전벨트 사인 소등 후 승객 하객 유도
- 잃어버린 물품 및 객실 이상 유무 확인
- 기내 청소 및 정리, 잔여 식음료 및 장비 회수
- 탑승객 작별 인사 및 후속 운항을 위한 준비
- 운항 후 브리핑(Debriefing) 실시
- 서비스 중 문제점, 고객 피드백, 개선사항 공유

3. 항공기 객실서비스 절차의 표준화와 중요성

(1) 서비스의 일관성 확보

표준 절차를 통해 노선과 승무원 구성에 관계없이 일정 수준의 서비스를 제공.

(2) 안전과 서비스의 조화

절차화된 서비스는 안전을 우선하면서도 효율적으로 고객 만족을 이끌어냄.

(3) 시간 관리와 팀워크 향상

단계별 역할 분담을 통해 제한된 시간에 서비스를 정확히 제공.

(4) 고객 경험 강화

승객이 항공 여정 전반에서 예측 가능한 양질의 서비스를 경험하게 됨.

(5) 항공기 객실서비스 절차별 핵심 포인트

절차 단계	주요 활동	서비스 포인트	비 고
출발 전	브리핑, 점검, 준비	팀워크 확립, 안전 점검 철저	출발 지연 방지
탑승	안내, 환영, 수납 점검	첫인상 중요, 신속 안내	고객 만족 시작점
이륙 후	식음료 서비스	표준화된 절차, 맞춤형 배려	안전벨트 사인 소등 후 시작
순항 중	편의 제공, 모니터링	고객 맞춤 서비스 강화	판매·홍보 병행
착륙 전	정리 및 안내	효율성과 신속성 강조	안전 확인 필수
착륙 후	하객 유도, 청소, 보고	마무리 인상 관리	피드백 공유

(6) 시사점 및 학습 정리

항공기 객실서비스 절차는 단순한 순서의 나열이 아니라, **안전 확보와 고객 만족**을 동시에 달성하기 위한 **전략적 프로세스**이다.

이 절차를 숙지하고 실무적으로 적용할 수 있는 능력은 항공 객실승무원에게 필수적인 역량이다.

따라서 대학생들은 절차별 세부 내용을 체계적으로 학습하고, 모의 실습 등을 통해 **서비스 순서, 시간 관리, 팀워크**를 훈련해야 한다.

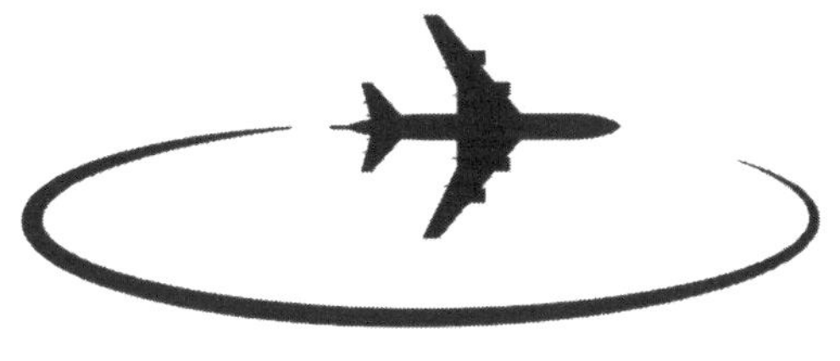

제5장

항공기 기내 안전과 객실서비스의 균형

1. 항공 서비스에서의 '안전'과 '서비스'

항공기 객실승무원의 핵심 역할은 **승객의 안전 확보**와 **고객 서비스 제공**이라는 두 가지 기능을 동시에 수행하는 것이다.

안전(Safety)은 항공운송의 본질적 가치이며, 서비스(Service)는 항공사의 경쟁력과 고객 만족을 결정짓는 요소이다.

따라서 객실승무원은 **"안전 우선, 서비스 병행"**이라는 원칙 아래 두 기능을 조화롭게 수행해야 한다.

국제민간항공기구(ICAO)와 국제항공운송협회(IATA)는 모든 항공사와 승무원에게 **기내 안전을 최우선 가치**로 삼을 것을 명시하고 있으며, 동시에 고객 경험 향상을 위한 **고품질 객실서비스 제공**을 강조하고 있다.

2. 항공기 기내 안전의 중요성

(1) 항공운송의 특성

항공기는 지상 교통수단과 달리 **폐쇄된 공간**, **고도 10,000m 이상**, **한정된 인력과 장비**로 운항된다.

따라서 작은 사고나 실수도 대형 인명 피해로 이어질 수 있어 **안전 확보는 절대적 우선순위**이다.

(2) 객실승무원의 안전 임무

- 비상 상황 발생 시 승객 대피 유도 및 응급처치
- 화재, 기압 저하, 기기 이상 등에 대한 즉각적 대응
- 테러, 폭력 등 보안 위협 상황에 대한 초동 조치
- 기내 안전 점검 및 승객 안전 수칙 안내

(3) 안전 확보를 위한 전문 역량

- 국제 기준에 따른 안전 교육 및 정기 훈련
- 비상장비 사용 숙련도
- 침착한 판단력과 리더십
- 팀워크와 신속한 커뮤니케이션 능력

✈ **예시:** 터뷸런스 발생 시 즉시 서비스 중단 → 카트 고정 및 객실 점검 → 안전벨트 착용 안내 → 상황 안정 후 서비스 재개.

3. 객실서비스의 중요성

(1) 고객 만족 및 브랜드 가치

기내 서비스는 항공사의 이미지를 대표하는 핵심 접점으로, 승객의 만족도와 재이용 의사에 직접적인 영향을 미친다.

아울러 승무원의 미소, 친절한 응대, 세심한 배려는 항공사의 경쟁력을 높인다.

(2) 서비스 요소의 다양성

- 식음료 및 편의 제공
- 엔터테인먼트 안내
- 특수 고객 지원(VIP, 유아 동반, 장애인 등)
- 문화적 다양성 존중 및 맞춤형 서비스

(3) 서비스 수행 시 고려 요소

- 시간 관리(Flight Time)
- 동선 효율성
- 고객군 특성 파악
- 상황에 따른 서비스 조정 능력

4. 기내 안전과 객실서비스의 충돌 상황

기내에서는 종종 안전과 서비스가 충돌할 수 있는 상황이 발생한다.
이때 **승무원의 판단 기준은 언제나 안전이 우선**이다.

상황 예시	서비스 활동	안전 상황	승무원 대응
터뷸런스 발생	음료 서비스 중	기체 흔들림 → 낙상 위험	즉시 서비스 중단, 카트 고정, 객실 점검
비상 착륙 상황	식사 제공 중	기내 준비 시간 제한	서비스 중단, 수거 및 비상 절차 준비
기압 저하	일반 순항 중	산소마스크 작동	승객 안내 및 안전 확보 우선
승객 응급상황	정규 서비스 진행 중	의료적 응급 대응 필요	서비스 팀 분리, 응급 대응 우선

◆ 핵심 원칙

A. 서비스보다 안전이 항상 우선한다.

B. 안전 상황 발생 시 전 승무원은 서비스 업무를 중단하고 안전 절차로 전환한다.

C. 고객에게는 침착하고 신속하게 안내하여 불안감을 최소화한다.

5. 안전과 서비스의 균형을 위한 전략

(1) 표준 절차 기반 서비스 운영 (SOP)

서비스와 안전 절차를 명확히 분리하고 상황에 따라 유연하게 전환할 수 있는 매뉴얼 운영.

(예) 서비스 시작·중단·재개 기준 시간 및 조건 명시.

(2) 팀워크와 역할 분담 강화

기내 상황에 따라 일부 승무원은 안전 확보에, 다른 승무원은 고객 안내에 집중하는 방식으로 효율성을 높인다.

(예) 응급상황 시 선임 승무원은 지휘, 나머지는 구역별 승객 관리.

(3) 상황 대응 교육 및 시뮬레이션 강화

안전과 서비스가 충돌하는 실제 상황을 가정한 모의훈련을 통해 판단력과 대응 속도 향상.

(예) 터뷸런스 상황 서비스 중단 훈련, 응급환자 발생 시 역할 전환 훈련 등.

(4) 감성 서비스와 안전 커뮤니케이션

안전 절차 시행 시에도 친절하고 침착한 말투, 표정, 행동을 통해 승객의 불안을 최소화.

(예) "안전을 위해 잠시 서비스를 중단하겠습니다. 안정 후 바로 재개하겠습니다."

6. 균형 유지의 효과

A. **승객의 신뢰 형성**: 위기 상황에서도 침착한 대응은 항공사에 대한 신뢰도를 높인다.
B. **서비스 품질 향상**: 효율적 절차 운영으로 고객이 체감하는 불편을 최소화한다.
C. **승무원 전문성 강화**: 안전과 서비스를 균형 있게 운영하는 역량은 숙련된 승무원의 핵심 지표이다.
D. **브랜드 이미지 제고**: 안전에 기반한 친절한 서비스는 항공사의 차별화된 경쟁력이 된다.

7. 학습 정리 및 시사점

항공기 객실승무원에게 **기내 안전**과 **객실서비스**는 서로 대립되는 개념이 아니라 **상호 보완적인 핵심 업무**이다.

안전 확보가 전제되지 않은 서비스는 무의미하며, 서비스 없는 안전은 고객 만족을 이끌어낼 수 없다.

따라서 객실승무원은 표준화된 절차와 전문성을 바탕으로 두 영역의 균형을 유지해야 한다.

에듀컨텐츠·휴피아
ECH Educontents·Huepia

제6장

고객 세분화와 맞춤 서비스

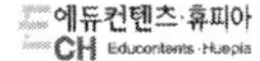
에듀컨텐츠·휴피아
CH Educontents·Huepia

1. 고객 세분화의 개념

고객 세분화(Customer Segmentation)란 항공 여객을 다양한 특성에 따라 구분하고, 각 세분 시장(segment)에 적합한 서비스를 제공하기 위한 마케팅 기법이다.

항공 여객은 목적, 연령, 소득 수준, 라이프스타일 등이 매우 다양하기 때문에 단일한 서비스로는 모든 고객의 기대를 충족시키기 어렵다.

따라서 항공사는 **고객 특성을 세분화하여 맞춤형 서비스를 제공**함으로써 만족도와 충성도를 높이는 전략을 활용한다.

☞ 고객 세분화는 단순한 분류 작업이 아니라 **고객 이해와 서비스 차별화의 출발점**이다.

2. 고객 세분화 기준

구 분	세분화 기준	설 명	항공 서비스 예시
인구통계적 요인	연령, 성별, 소득, 직업	전통적인 세분화 기준	청소년 단체 여행객, 고소득 비즈니스 고객
지리적 요인	국가, 지역, 출발지·도착지	노선별·지역별 특성 반영	아시아 단거리 vs 유럽 장거리 여행객
행동적 요인	이용 목적, 빈도, 충성도	실제 행동 패턴 기반	마일리지 회원, 잦은 출장 고객
심리적 요인	가치관, 라이프스타일, 여행 성향	개인의 태도와 성향 반영	럭셔리 여행객, 자유 여행 선호 고객

📌 실무 Tip

항공사는 마케팅 조사, 예약 데이터, 마일리지 프로그램 분석 등을 통해 세분화된 고객 정보를 확보하고, 이를 바탕으로 서비스 전략을 설계한다.

3. 맞춤 서비스의 개념과 중요성

맞춤 서비스(Customized Service)란 고객 개개인의 니즈와 기대에 부합하는 개별화된 서비스를 제공하는 것을 의미한다. 표준화된 일률적 서비스가 아닌, **고객 특성에 따른 차별화된 경험**을 제공함으로써 만족도와 충성도를 높인다.

* 맞춤 서비스의 주요 사례

고객군	맞춤 서비스 예시
비즈니스 고객	프리미엄 좌석, 기내 Wi-Fi, 신속 탑승, 전용 라운지
가족 여행객	유아용 편의시설, 가족 좌석 배정, 어린이 기내식
장거리 여행객	수면 키트, 개인 엔터테인먼트, 웰빙 기내식
특별 요청 고객	휠체어 서비스, 종교식 제공, 의료 지원

☞ 고객 만족도 증대 → 재이용률 상승 → 항공사 브랜드 가치 강화

4. 고객 세분화 기반 맞춤 서비스 전략 수립

전략 수립 단계

(1) **세분시장 파악**: 고객 특성과 요구 분석

(2) **서비스 설계**: 세분시장별 차별화된 서비스 프로세스 개발

(3) **승무원 교육 및 표준화**: 상황별 서비스 매뉴얼 구축 및 교육 강화

(4) **고객 피드백 반영**: 만족도 조사와 서비스 개선

📌 실제 항공사 사례

◆ 대한항공: 마일리지 등급별 라운지 및 전용 서비스 운영

- 싱가포르항공: 고객군별 식사 사전 주문제("Book the Cook") 제공
- ANA항공: 가족 단위 여행객 대상 사전 좌석 배정 및 키즈 서비스 강화

5. 고객 세분화와 맞춤 서비스의 효과

효 과	설 명
고객 만족도 향상	개별화된 서비스 제공을 통해 고객 기대 충족
브랜드 충성도 강화	긍정적 경험 → 재이용 및 추천 유도
차별화된 경쟁력 확보	경쟁사와 차별화된 서비스 전략 실현
수익 증대	부가서비스 이용률 향상 및 마일리지 고객 확보

6. 결 론

고객 세분화는 다양한 고객 특성을 파악하고 그룹화하여 서비스 전략을 수립하는 과정이다.

맞춤 서비스는 고객 만족도를 높이는 핵심 수단이며, 차별화된 경쟁력 확보에 필수적이다.

항공사는 세분화된 고객군의 요구를 분석하고, 데이터 기반으로 서비스를 설계함으로써 지속 가능한 성장을 추구할 수 있다.

7. 학습과제

◆ 고객 세분화의 네 가지 대표적 기준을 설명하고 각각 항공 서비스 사례를 제시하시오.

◆ 맞춤서비스가 항공사 경쟁력 강화에 미치는 영향을 구체적으로 서술하시오.

◆ 다음 고객군에 대한 맞춤 서비스 전략을 제안하시오.

(1) 장거리 출장 비즈니스 고객

(2) 어린이를 동반한 가족 여행객

(3) 종교적 이유로 특별식이 필요한 고객

◆ 고객 세분화 전략이 항공사 마케팅 및 서비스 운영에 미치는 효과를 논하시오.

제7장

항공기 객실서비스 위기관리와 응급 대응

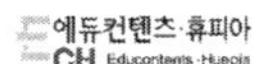
에듀컨텐츠·휴피아
CH Educontents·Huepia

1. 항공기 객실서비스 위기관리의 개념

항공기 객실서비스 위기관리(Crisis Management)란 항공기 운항 중 예기치 못한 상황이 발생했을 때, **탑승객의 생명과 안전을 최우선으로 보장**하고 **서비스 운영의 연속성과 안정성**을 확보하기 위해 체계적으로 대응하는 활동을 말한다.

항공기 내부는 지상과 달리 의료시설이나 외부 지원이 제한되어 있어, 위기 발생 시 객실승무원의 **신속한 판단력 · 협업 능력·전문 기술**이 결정적인 역할을 한다.

2. 객실서비스에서 발생할 수 있는 주요 위기 상황

위기유형	구체적 상황 예시	주요 특징
의료 위기	심장마비, 호흡곤란, 실신, 출산 등	생명과 직결되는 긴급 상황
안전 위기	화재, 기내 연기, 난기류, 비상착륙	신속한 대피 및 안전 확보 필요
보안 위기	난동, 폭언·폭행, 테러 위협, 무단출입	기장 보고 및 즉각적인 통제 필요
서비스 위기	기내식 문제, 고객 불만 폭주	브랜드 이미지와 고객 만족도에 영향
환경 위기	기상 악화, 지연·결항, 항로 변경	대체 서비스 제공 및 안내 필요

실무 포인트

- 위기 상황은 단일 요인으로만 발생하지 않으며, 여러 요소가 복합적으로 작용하는 경우가 많다.
- 객실승무원은 위기 발생 시 초기 대응의 핵심 주체로서 표준절차(SOP)에 따라 행동해야 한다.

3. 위기관리의 기본 원칙

(1) 안전 우선 원칙 (Safety First)

어떤 상황에서도 승객의 생명과 안전 확보가 최우선이다.

(2) 신속·정확한 판단과 보고

상황을 즉시 인지하고 기장 및 객실 책임자에게 정확하게 보고한다.

(3) 팀워크와 역할 분담

객실승무원 간 명확한 역할 구분 및 협력 체계를 유지한다.

(4) 승객의 심리 안정 확보

침착한 안내와 커뮤니케이션을 통해 불안감 확산을 최소화한다.

(5) 표준화된 절차 준수

항공사 매뉴얼, 국제민간항공기구(ICAO) 규정, 운항 절차를 따른다.

4. 항공기 응급 대응의 개념과 중요성

응급 대응(Emergency Response)이란 기내에서 발생하는 긴급 상황에 대해 **객실승무원이 즉시 취하는 조치와 절차**를 의미한다.

응급 대응은 위기 상황을 최소화하고 인명 피해를 방지하는 핵심 단계로, 전문적인 기술과 반복된 훈련이 필수적이다.

5. 응급 대응 절차

(1) 의료적 응급상황 대응 절차

가. **상황 파악** - 의식, 호흡, 맥박 확인
나. **역할 분담** - 보고자 / 조치자 / 지원자
다. **기장 및 지상 의료팀 보고**
라. **응급처치** - CPR, AED 사용, 산소 공급 등
마. **착륙 후 의료기관 이송**

📌 *예시 상황*: 승객이 심장마비 증상을 보일 경우
주변 공간 확보 → CPR 실시 → AED 적용 → 산소 공급 → 기장 보고 및 조기 착륙 요청.

(2) 기내 화재 및 안전 위기 대응 절차

가. 연기 및 화재 발견 → 즉시 경보 → 기장 보고
나. 소화기 사용 및 초기 진화 시도
다. 주변 승객 대피 유도 및 산소마스크 착용 안내
라. 화재 진압 후 잔여 위험 제거 및 상황 보고

📌 *중요 포인트*: 화재 발생 3분 이내의 초기 진압이 가장 중요하며, 승무원 간 협력이 핵심이다.

(3) 보안 위기 및 난동 상황 대응 절차

가. 위험 인지 및 즉시 보고
나. 승무원 간 신호 체계 가동
다. 난동 승객 제지 및 격리 조치
라. 기장 보고 후 경찰 또는 보안 요원 협조 요청
마. 상황 종료 후 보고서 작성 및 사후 조치

📌 *예시 상황*: 음주로 인한 난동 → 다른 승객 안전 확보 → 구속 장비 사용 가능 → 착륙 후 인계

6. 위기관리 교육 및 훈련

객실승무원은 체계적인 교육과 정기적 실습을 통해 위기관리 능력을 강화한다. 이는 단순한 매뉴얼 숙지가 아닌 **실제 상황을 가정한 시나리오 훈련**을 통해 신속한 대응력을 기르는 것이 목적이다.

교육 내용	세부 항목	실시 주기
응급의료 대응 훈련	CPR, AED, 산소 사용법, 의료 키트	연 1~2회
화재 및 안전 대응	소화기 사용, 화재 진압, 대피 안내	정기 훈련
보안 위기 대응	난동 승객 제압, 테러 대응, 협조 체계	정기 훈련
시나리오 기반 훈련	복합 위기 상황 대응 시뮬레이션	분기별

✦ 실무 항공사들은 국제 기준에 따라 응급 대응 훈련을 매년 정기적으로 시행하고 있으며, 일정 시간 이상의 훈련 이수는 모든 객실승무원에게 필수이다.

7. 위기관리와 서비스 품질의 균형

위기 상황에서 객실승무원은 단순히 응급조치를 수행하는 것뿐만 아니라 **서비스 제공자로서 승객의 불안을 최소화하고 신뢰를 형성**해야 한다.

- 침착하고 확신 있는 안내 방송
- 공감과 배려의 표현
- 사후 케어 및 서비스 보완 제공

✦ 안전과 서비스는 별개가 아니라 **조화롭게 균형을 이뤄야 하는 핵심 전문역량**이다.

8. 결 론

항공기 객실서비스 위기관리는 예기치 못한 상황에서 승객의 생명과 안전을 확보하는 필수 활동이다.

의료, 화재, 보안, 서비스, 환경 등 다양한 위기 상황에 대비한 표준절차와 응급대응 능력이 요구된다.

객실승무원은 반복적인 교육과 실습을 통해 전문성과 대응력을 강화한다.

위기 상황에서도 효과적인 커뮤니케이션과 심리적 안정 지원은 서비스 품질 유지에 결정적인 역할을 한다.

9. 학습 문제

(1) 항공기 객실서비스에서 발생할 수 있는 주요 위기 상황 유형 3가지를 설명하시오.

(2) 의료적 응급상황 발생 시 객실승무원의 단계별 대응 절차를 기술하시오.

(3) 기내 화재 발생 시 승무원의 초기 대응이 중요한 이유를 서술하시오.

(4) 보안 위기상황에서 객실승무원의 역할과 협조 체계를 설명하시오.

(5) 위기상황 대응 시 서비스 커뮤니케이션의 중요성에 대해 논하시오.

제8장

글로벌 항공사 객실서비스의 비교 연구

에듀컨텐츠·휴피아
ECH Educontents·Huepia

항공산업은 대표적인 글로벌 서비스 산업으로, 각국의 항공사들은 자국의 문화와 고객 특성을 반영한 차별화된 객실서비스를 제공하고 있다. 특히 기내 서비스는 단순한 운송을 넘어 항공사의 브랜드 이미지를 형성하는 핵심 요소로 자리 잡고 있다. 본 장에서는 주요 글로벌 항공사의 객실 서비스 특징을 비교·분석함으로써 서비스 전략의 차이를 이해하고, 향후 서비스 개선 및 기획 방향을 모색하고자 한다.

1. 글로벌 항공사 객실서비스의 특징

(1) 서비스 표준화와 현지화의 조화

국제 항공사들은 글로벌 표준에 기반한 **안전·편의 서비스**를 유지하면서도, **문화적 요소를 반영한 현지화**(Localization) 전략을 적극 활용한다.

예를 들어, 동일한 클래스(Class) 서비스라도 지역 노선이나 고객층에 따라 메뉴 구성, 언어 지원, 서비스 방식이 달라진다.

(2) 프리미엄 서비스 강화

프리미엄 클래스(퍼스트·비즈니스)는 각 항공사의 서비스 경쟁력이 가장 뚜렷하게 드러나는 영역이다. 전용 체크인 카운터, 라운지 이용, 전담 승무원 배치, 맞춤형 기내식 서비스 등을 통해 고부가가치 고객층의 만족을 극대화한다.

2. 주요 글로벌 항공사 비교

(1) 대한항공 (Korean Air)

가.항공사 개요

- **정식명**: Korean Air Lines Co., Ltd.
- **IATA 코드**: KE

◆ ICAO 코드: KAL

◆ 콜사인: KOREAN AIR

◆ 설립: 1969년 (국영 대한항공공사 → 한진그룹이 인수하여 민영화)

◆ 허브 공항:

A. 인천국제공항(ICN) - 국제 네트워크 중심

B. 김포공항(GMP) - 국내선 및 단거리 일부 국제선

◆ 탑승동맹체: 스카이팀(SkyTeam)

◆ 항공사 규모:

A. 한국 최대 항공사

B. 아시아에서도 상위권 글로벌 네트워크

C. 화물 부문은 세계 5위권 내 경쟁력 보유

나. 대한항공 주요 노선

▶ 아시아

동북아: 도쿄, 오사카, 후쿠오카, 나고야, 삿포로, 베이징, 상하이, 홍콩, 타이베이 등

동남아: 방콕, 싱가포르, 호치민, 하노이, 마닐라, 자카르타, 덴파사르(발리) 등

중앙아시아: 알마티, 타슈켄트 등

중동: 두바이, 텔아비브(일부 기간/계절)

▶ 미주

서부: 로스앤젤레스(LAX), 샌프란시스코(SFO), 시애틀(SEA), 라스베이거스 등

중부: 시카고(ORD), 댈러스, 휴스턴

동부: 뉴욕(JFK), 워싱턴 D.C.(IAD), 애틀랜타(델타허브)

▶ 유럽

런던(LHR), 파리(CDG), 프랑크푸르트(FRA), 암스테르담, 로마, 밀라노, 바르셀로나, 프라하 등

▶ 오세아니아

시드니, 브리즈번, 멜버른, 오클랜드

▶ 국내선

김포-제주

김포-부산

김포-울산

구성은 비교적 단순하지만 공급력은 크다.

다. 대한항공 보유 항공기

대한항공은 **광동체 + 협동체를 모두 운영**하는 풀서비스 캐리어입니다.

✈ 광동체(Wide-body)

기 종	용 도
Boeing 747-8I	플래그십 기종, 장거리 비즈니스 중심 배치
Boeing 777-300ER	주력 장거리 노선
Boeing 777-200ER	일부 장거리/중거리
Boeing 787-9, 787-10	최신형, 연료 효율 우수
Airbus A330-300 / A330-200	중장거리 중심
A380-800	과거 활용 많았지만 단계적 운항 축소 진행 중

협동체(Narrow-body)

기 종	용 도
Boeing 737-800 / 900ER / 900	국내선·일부 국제선
Boeing 737 MAX 8	중단거리 국제선(최신 기종)
A220-300	단거리·중단거리, 넓은 좌석 폭이 장점

라. 좌석 클래스 상세 소개

A. 프레스티지 스위트 (Prestige Suite) – 일부 B777, A330 등

- 비즈니스 클래스의 프라이빗 스위트 구조
- 1-2-1 좌석 배열
- **완전평면** (Flat-bed)
- 높은 프라이버시와 설계 완성도로 평가 우수

B. 프레스티지 클래스 (Business Class)

- 좌석 형태는 기종별로 다양
- 777/747 장거리: 1-2-1 또는 2-2-2 기반 풀플랫

- 중단거리 A330: 2-2-2 또는 2-3-2 구성
- 프리미엄 기내식, 라운지 이용, 전용 체크인 등 제공

C. **프레스티지 플러스(구 프리미엄 이코노미)** - B777-300ER 일부

- 대한항공의 과거 프리미엄 이코노미 개념
- 점차 신규 기재 도입으로 형태 변화 중

D. **이코노미 클래스** (Economy Class)

- 평균 32~34인치 레그룸
- A220 등 최신 기종은 좌석 폭이 넓어 호평
- 기종에 따라 AVOD 엔터테인먼트 제공

마. 대한항공 서비스 특징

A. **기내식**

- 한국 항공사답게 한식 기내식이 강점
- 불고기, 비빔밥, 죽, 우동 등 다양한 선택지
- 비즈니스는 시그니처 메뉴 **'비빔밥'**이 세계적으로 유명

B. **기내 엔터테인먼트(AVOD)**

- 대부분 기종에서 개인 모니터 제공
- 최신 할리우드·한국 영화, 음악, 다큐 등 다양

C. **라운지**

- 인천공항 제2터미널 프리미엄 라운지 운영
- 비즈니스/일등석/스카이팀 엘리트 플러스 이용 가능

D. **정시성 & 안전성**

- 안전성 수준 높고 정비 품질 우수
- 대한항공은 ICAO, IATA 규정 준수 탁월

바. 대한항공의 최근 변화

- **아시아나항공과 통합 추진** (2024년 이후 절차 진행 중)
- 향후 통합시 세계 10위권 글로벌 항공사 규모 형성 예상
- A350 도입 가능성, 기종 재편 등이 업계 관심사

(2) 아시아나항공(ASIANA AIRLINE)

가. 항공사 개요

- **정식명**: Asiana Airlines, Inc.
- IATA 코드: OZ
- ICAO 코드: AAR
- **콜사인**: ASIANA
- **설립**:1988년 (대한항공 독점 체제 종식 후 '제2 국적항공사'로 출범)
- 허브 공항:
  A. 인천국제공항(ICN) - 국제선 중심
  B. 김포공항(GMP) - 국내선 중심
- **동맹체**:스타얼라이언스(Star Alliance)
- **모회사**: 금호아시아나그룹
- **특징**:
  A. 서비스 품질이 우수한 아시아 항공사 중 하나
  B. 인천공항 초기 성장에 큰 기여
  C. 2020년 이후 재무 악화로 대한항공과 통합 절차 진행 중

나. 주요 취항 노선

아시아나항공은 장거리 노선이 비교적 좁지만 **아시아 지역 노선망이 매우 강함**.

✔ 아시아

- **일본**: 도쿄(하네다·나리타), 오사카, 후쿠오카, 삿포로, 오키나와
- **중국**: 베이징, 상하이, 청두, 충칭, 선전 등
- **홍콩, 타이베이, 시안, 난징 등**
- **동남아**: 방콕, 싱가포르, 호치민, 하노이, 마닐라, 자카르타

✔ 미주

- LA(LAX)
- 샌프란시스코(SFO)
- 시애틀(SEA)
- 뉴욕(JFK)
  (과거 시카고/호놀룰루 운항했으나 감소)

✔ **유럽**

- 프랑크푸르트(FRA)
- 로마(FCO)
  (과거 런던/파리 등 운항했으나 현재 축소)

✔ **오세아니아**

- 시드니

✔ **국내선**

- 김포-제주
- 김포-광주
- 김포-울산
- 김포-부산 등
- **특징**: 대한항공 대비 장거리 노선은 적지만, **중국·일본 등 근접 아시아 노선의 네트워크가 강점**

다. 보유 항공기 및 특징

아시아나항공은 과거 A380·B747 등 다양한 기종을 운영했으나 최근은 기종 단순화 추세.

광동체 (Wide-body)

기 종	특 징
A350-900	최신형 주력기, 장거리 핵심 기체
A330-300	중장거리 운항, 아시아 지역에도 많이 투입
B777-200ER	일부 장거리 운항, 점진적 축소

협동체 (Narrow-body)

기 종	특 징
A321-200 / A321neo	단거리·중거리 핵심, 일본/중국/동남아 투입
A320-200	단거리 중심

라. 좌석 클래스 상세 설명

아시아나는 **승객 친화적인 좌석 구조와 편안한 기내 서비스**로 높은 평가를 받음.

A. **퍼스트 스위트 (First Suite) – A380 전용(과거)**
- 현재 대부분 운항 중단/폐지
- 완전 밀폐형 스위트 구조
- 높은 프라이버시 제공
- 대표적인 아시아나 '플래그십 좌석'
  (대한항공 통합 후 완전 퇴장 가능성 높음)

B. **비즈니스 스마티움 (Business Smartium)**
- 장거리 핵심 비즈니스 클래스 브랜드
- **1-2-1 스태거드 좌석 (일부 기체)**
- **완전 평면 좌석(Flat-bed)**
- A350·777 일부 기재에 장착
- 미드/롱홀 승객 만족도 높음

C. **일반 비즈니스 클래스**
- 구형 A330·777 등에서 볼 수 있음
- **2-2-2 또는 2-3-2 구성**
- 좌석마다 기종 차이가 큰 편
- 구형 기체는 프라이버시가 낮지만 공간은 넉넉함

D.**이코노미 스마티움 (Economy Smartium)**
- 이코노미 업그레이드 버전
- **레그룸 약 4~6인치 증가**
- 일부 A350·A330·A321neo에서 제공
- 유료 업그레이드로 이용 가능

E. **이코노미 클래스**
- 기종에 따라 30–32인치 레그룸
- A350의 경우 최신 IFE와 조용한 캐빈 환경 제공
- 승무원 서비스 품질이 높다는 평가

마. 서비스 특징

A. **한식 기내식 강점**
- 장거리 비즈니스에서 제공되는 **전복죽, 한우불고기, 도가니탕** 등 호평

- 김치 제공으로 한국 승객 만족도 높음

B. **승무원 서비스 평가 우수**

- 친절도·프로페셔널함이 높은 편
- 여러 국제 평가에서 꾸준히 상위권

C. **기내 엔터테인먼트**

- A350 → 최신 모니터 & UI
- 구형 기체는 다소 뒤처지지만 안정적 콘텐츠 제공

D. **라운지**

- 인천 제1터미널 → 비즈니스·퍼스트 라운지
- 시설은 준수하지만 타 항공사(싱가포르항공 등) 대비 화려함은 다소 낮음

바. 최근 상황 및 대한항공과의 통합

✔ 2020년 - 재무 위기 심화 → 정부 지원 및 대한항공 인수 결정

✔ 2021~2024년 - 글로벌 승인 절차 → 미국·EU·일본 등 경쟁 당국 승인

✔ 통합 완료 시 예상 변화 → 세계 10위권 초대형 항공사 탄생

사. 아시아나항공의 강점 & 약점 요약

👍 **강점**

- 아시아 지역 네트워크 강함
- 서비스 품질 우수
- A350 등 최신 기종 도입
- 기내식 수준 높음

👎 **약점**

- 대한항공 대비 장거리 노선 적음
- 특정 기종(구형 A330·777) 좌석 차이 큼

(3) 싱가포르항공 (Singapore Airlines)

가. 항공사 개요

- **정식명**: Singapore Airlines Limited
- IATA **코드**: SQ

- **ICAO 코드**: SIA
- **콜사인**: SINGAPORE
- **설립**: 1972년
- **허브 공항**: **싱가포르 창이국제공항(SIN)**
- **동맹체**: 스타얼라이언스(Star Alliance)
- **계열사**:
  스쿠트(Scoot, 저비용 항공사)
  실크에어(SilkAir, 2021년 SIA에 통합)
- **특징**:
  세계 최고 수준의 서비스 품질로 꾸준히 평가
  "기내식·객실 승무원·비즈니스/퍼스트 좌석" 등 다수 분야에서 세계 1위 수상

나. 싱가포르항공 글로벌 노선망

싱가포르를 중심으로 **유럽–아시아–오세아니아–미주를 잇는 허브 네트워크**를 운영합니다.

✔ **아시아**

- 한국: 인천(ICN) – 싱가포르(SIN)
- 일본: 도쿄, 오사카, 후쿠오카, 나고야
- 중국: 베이징, 상하이, 광저우, 선전
- 동남아: 방콕, 쿠알라룸푸르, 하노이, 호치민, 마닐라, 자카르타, 발리 등

✔ **오세아니아**

- 호주: 시드니, 멜버른, 브리즈번, 퍼스, 애들레이드
- 뉴질랜드: 오클랜드, 웰링턴, 크라이스트처치
- SIA는 **오세아니아 노선 강자**로 LCC와 경쟁이 적고, 프리미엄 수요가 꾸준함

✔ **유럽**

- 런던, 파리, 프랑크푸르트, 취리히, 로마, 밀라노, 바르셀로나, 제네바 등
- **프랑크푸르트–뉴욕(JFK)** 같은 Fifth-freedom 노선도 운영

✔ **미주**

- 뉴욕(JFK) – 세계 최장거리 nonstop 운항(싱가포르–뉴욕)
- 샌프란시스코
- 로스앤젤레스

- 시애틀
- 휴스턴
- 세계 최장 거리 노선(약 18시간+)을 성공적으로 서비스하는 몇 안 되는 항공사

다. 싱가포르항공 보유 기재 및 특징

SIA는 **대형기 중심, 최신형 중심**의 전략을 취하는 항공사입니다.

✈ 광동체(Wide-body) 기종

기 종	특 징
Airbus A380-800	플래그십 기체, Suites 제공
Airbus A350-900 / Ultra Long Range(ULR)	장거리·초장거리 주력
Boeing 777-300ER	장거리 노선 핵심
Boeing 787-10	중장거리·아시아권 중심

협동체(Narrow-body) 기종

- 실크에어 통합 후 B737-8 MAX 중심으로 단거리 노선 운영
- 전체적으로 최신 기재 비중이 매우 높으며, **항속거리·연료효율·정숙성 모두 우수**.

라. 좌석 클래스 상세 설명

싱가포르항공의 가장 큰 강점은 바로 **좌석 및 서비스 품질**입니다.

A. Suites (스위트 클래스) – A380 전용

- 세계에서 가장 유명한 상위 클래스 중 하나.
- **각 승객에게 개별 객실 제공**
- 도어가 있는 완전 독립형 스위트
- **더블 침대** 구성 가능(일부 좌석)
- 최고급 침구 세트 및 전담 승무원 서비스
- 고급 코스 기내식 & Dom Pérignon 또는 Krug 샴페인
- "하늘 위의 호텔"로 평가되는 최상위 제품.

B. First Class (일등석) – 777-300ER

- 초광폭 1-2-1 좌석

- 넓은 평면 침대
- 최고급 식사 & 와인 셀렉션
- 스위트보다는 낮지만 세계 최상위 수준의 퍼스트 클래스

C. Business Class (**비즈니스 클래스**)

- 기종별로 좌석 디자인은 다르지만 기본 특징은 동일:
- **1-2-1 전좌석 관광 창문**
- 풀플랫(180도)
- 초광폭 좌석(폭이 일반 비즈니스보다 더 넓어 '소파 느낌'이라는 평가도 있음)
- A350 장거리 비즈니스는 특히 평가가 매우 높음
- 비즈니스만으로도 세계 1위급 수준.

D. Premium Economy Class (**프리미엄 이코노미**)

- 고정 쉘 타입이 아닌 '리클라이닝 좌석'
- 이코노미 대비 폭 넓고 레그룸 여유
- 전용 메뉴(Book the Cook) 제공
- 프리미엄 헤드셋, 와인 및 샴페인 제공

E. Economy Class (**이코노미 클래스**)

- 평균 32" 전후의 레그룸
- 뛰어난 쿠션과 인체 공학적 좌석
- 개인 모니터 및 USB/전원 제공
- 기내식 수준도 동급 대비 높음
- 이코노미만 타도 "생각보다 편하고 맛있다"는 반응이 잦음.

마. 싱가포르항공 서비스 특징

A. Book the Cook **서비스**

- 비즈니스/퍼스트/프리미엄 이코노미에서 **사전 주문형 고급 기내식** 선택 가능
- 스테이크, 로브스터 테르미도르, 일식/인도식, 건강 메뉴 등 다양

B. **승무원 서비스**

- 싱가포르 항공 승무원은 **세계 최고 등급**으로 평가
- 시그니처 유니폼 '사롱 케바야(Sarong Kebaya)'
- 세심하고 정중한 서비스로 유명

C. IFE(기내 엔터테인먼트) – KrisWorld
- ◆ 세계 최대 영화·드라마·음악 카탈로그 중 하나
- ◆ 최신 UI 및 대형 모니터

D. 라운지 – The SilverKris Lounge
- ◆ 비즈니스·퍼스트 라운지 모두 수준이 높음
- ◆ 특히 싱가포르 창이공항 라운지가 세계적 명성

바. 브랜드·평가·수상
- ◆ Skytrax "World's Best Airline" 다수 수상
- ◆ "World's Best Cabin Crew" 상위권 고정
- ◆ APEX 5-Star Airline
- ◆ 꾸준한 서비스·안전성·기재 품질로 프리미엄 항공사의 대표 브랜드

사. 싱가포르항공의 전략적 강점
✔ 아시아–유럽–오세아니아 연결 중심의 최적 허브
- ◆ 싱가포르의 지리적 위치를 활용한 효율적 네트워크 운영

✔ 저수요/장거리 노선의 성공적 운영
- ◆ A350 ULR 등 초장거리 기재 도입으로 뉴욕 등 장거리 수요 선점

✔ 최고 수준의 기내 서비스
- ◆ 좌석·식사·승무원·라운지의 종합 경쟁력

✔ 안정된 재무구조와 국영기업 기반
- ◆ 싱가포르 정부의 높은 신뢰와 지원

(4) 에미레이트항공 (Emirates)

가. 기업 개요
- ◆ **설립**: 1985년
- ◆ **본사**: 아랍에미리트 두바이(Dubai)
- ◆ **모기업**: Emirates Group
- ◆ **허브 공항**: 두바이 국제공항(DXB)
- ◆ **슬로건**: *Fly Better*

- **항공 동맹**: 독립 운영(어떠한 글로벌 얼라이언스에도 소속되지 않음)
- 에미레이트항공은 중동 항공사 중 가장 규모가 크며, 전 세계 연결성을 확보하기 위해 '두바이 허브 전략'을 강화하며 성장했습니다.

나. 보유 항공기 특징

에미레이트는 장거리 국제선 중심이어서 **대형 광동체 항공기만 운영**합니다.

✈ **주력 기종**

- A380-800 (**세계 최대 보유 항공사**)
  → 에미레이트 브랜딩의 상징. 넓은 기내, 라운지바가 유명.
- B777-300ER / B777-200LR
  → 장거리·초장거리 노선 운용.

✔ 특징

- 단일 항공사로서는 **세계 최대의 A380 보유**
- **기내 와이파이·ICE 엔터테인먼트 시스템·객실 품질**로 글로벌 상위권 평가

다. 좌석 클래스 소개

A. **퍼스트 클래스** (First Class)

- 세계 최고 수준 중 하나로 평가받습니다.
- A380: **완전 개별 스위트 룸**
- B777: **슬라이딩 도어가 있는 개인 스위트**
- A380 **전용 샤워 스파**(Shower Spa) 제공
- 고급 주류, 단품 주문식 식사, 개인 미니바 제공
- 승객 전용 라운지바 이용 가능

B. **비즈니스 클래스** (Business Class)

- A380: 1-2-1 **완전 평면 좌석, 직접 통로 접근**
- **기내 라운지바 이용 가능**
- 고품질 식사, 넓은 엔터테인먼트 시스템
- 일부 구형 B777은 2-3-2 배열(직접 통로 접근 X)

C. **프리미엄 이코노미** (Premium Economy)

- 2021년 도입, 최신 좌석 클래스.

- 더욱 넓은 레그룸과 업그레이드 식사
- 가죽 시트, 더 큰 스크린
- A380/ B777 최신형에서 제공

D. **이코노미 클래스** (Economy Class)

- 넓은 좌석 피치(상대적으로 좋다는 평가)
- ICE 엔터테인먼트 세계 최상위권
- 무료 기내식, 무료 음료 제공

라. 기내 서비스 (ICE 시스템)

- ICE는 세계 최고 평가를 받은 기내 엔터테인먼트입니다.
  (Information Communication Entertainment)

✔ 5,000개 이상의 콘텐츠
✔ 다국어 지원
✔ 와이파이 가능
✔ 최신 영화·음악·라이브 TV 제공

마. 운항 노선

두바이를 허브로 **전 세계 6대륙 150여 개 도시** 운항

〈주요 지역〉

- 유럽: 런던, 파리, 프랑크푸르트, 로마 등
- 아시아: 서울, 도쿄, 싱가포르, 방콕 등
- 미주: 뉴욕, 로스앤젤레스, 시카고, 토론토
- 오세아니아: 시드니, 멜버른, 오클랜드
- 아프리카·중동 전역
- 한국에서는 **인천-두바이 매일 운항**(A380 투입 빈번)

바. 에미레이트항공의 주요 강점

⋆ 세계 정상급의 기내 서비스

샤워 스파, 라운지바, ICE 시스템 등 특화 서비스 보유

⋆ A380 네트워크의 대표주자

세계에서 가장 많은 A380을 운영하며 상징성 보유

⋆ 두바이 허브의 뛰어난 환승 편의성

중동 중심에서 유럽·아시아·아프리카 연결이 쉬움.

⋆ 고급 브랜드 이미지

항공 업계에서 "럭셔리 항공사"로 강한 브랜드 파워.

사. 에미레이트 vs 카타르항공 vs 에티하드 비교

항 목	에미레이트	카타르	에티하드
허 브	두바이	도하	아부다비
강 점	고급 서비스·A380·규모	최고 비즈니스클래스 (Qsuite)	프리미엄·조용한 브랜드
노선 규모	150+	170+	60+
스타일	화려·대규모	조용·균형 잡힘	프리미엄 중소형

(5) 루프트한자 (Lufthansa)

가. 기본 정보

- **정식 명칭:** Deutsche Lufthansa AG
- **설립:** 1953년(현재 형태), 원형은 1926년
- **국적:** 독일
- **본사:** 쾰른(Cologne)
- **주요 허브:** 프랑크푸르트(FRA), 뮌헨(MUC)
- **항공 동맹:스타얼라이언스(Star Alliance)** 창립 멤버
- **슬로건:** "Say yes to the world"
- 유럽 최대, 세계에서도 상위권 규모를 가진 글로벌 항공사입니다.

나. 루프트한자 그룹 구조

단일 항공사가 아니라 **여러 항공사 브랜드를 보유한 그룹 형태**로 운영됩니다.

〈그룹 소속 항공사〉

- Lufthansa (독일 본사)
- Swiss International Air Lines (스위스항공)
- Austrian Airlines (오스트리아항공)
- Brussels Airlines (브뤼셀항공)
- Eurowings (저가항공 자회사)

유럽 전역을 촘촘하게 연결하는 대규모 네트워크를 가지고 있습니다.

다. 보유 항공기

루프트한자는 광·협동체를 혼합 운영합니다.

✈ 주력 기종

- A350-900 (차세대 친환경 항공기)
- B747-8i (퀸 오브 더 스카이, 최신형)
- A380 (재운항 시작)
- A320 패밀리 (유럽 단거리)
- B777 / A330 / A340 시리즈 일부 운용
- 특히 B747-8i를 여객기로 가장 많이 운영하는 항공사로도 유명합니다.

라. 좌석 클래스 소개

A. **퍼스트 클래스** (First Class)

- 전용 퍼스트 클래스 터미널(프랑크푸르트)
- 넓은 개인 공간과 고급 침대형 좌석
- 최고급 식사·샴페인
- 라운지에서 리무진 탑승 지원

B. **비즈니스 클래스** (Business Class)

- 1-2-1 또는 2-2-2 구성(기종별 상이)
- 완전 평면 침대
- 최신 기종(A350, B787 등)은 새 비즈니스 좌석 도입 예정
- 독일식 안정적 서비스 제공

C. **프리미엄 이코노미** (Premium Economy)

- 이코노미 대비 더 넓은 공간

- 업그레이드된 기내식
- 짐 허용량 증가

D. **이코노미 클래스** (Economy Class)

- 무난하고 안정적인 좌석 구성
- 무료 기내식 제공
- 개인 모니터 탑재 기종 다수

마. 서비스 특징

✔ 안정성과 정시성

정확함과 안전성이 강점이며, 전통적으로 “유럽에서 가장 신뢰받는 항공사” 중 하나.

✔ 유럽 최강급 네트워크

프랑크푸르트·뮌헨을 중심으로 **유럽 100개 이상 도시를 촘촘히 연결**.

✔ 스타얼라이언스 허브

대한항공·아시아나와는 다른 얼라이언스(아시아나는 스타얼라이언스 소속).

✔ 고품질 라운지

프랑크푸르트 **퍼스트 클래스 터미널**(FCT)은 세계 최고 수준 라운지로 유명.

바. 주요 운항 노선

〈한국에서의 대표 노선〉

- **인천 ↔ 프랑크푸르트** (Lufthansa **직항**)
- **인천 ↔ 뮌헨 (시즌 또는 특정 기간 운항)**

〈프랑크푸르트·뮌헨에서〉

- 유럽 전역 및 미주·중동·아프리카로 연결이 매우 편리합니다.

사. 루프트한자의 강점 요약

- 유럽 최대 규모의 프리미엄 항공사
- 스타얼라이언스의 핵심
- 뛰어난 환승 허브(FRA, MUC)
- 안락한 비즈니스와 세계 최고 수준의 퍼스트 클래스
- B747-8, A350 등 최신 기재 운영

(6) 카타르항공

가. 기본 정보

- **설립**: 1993년
- **국적**: 카타르
- **본사**: 도하(Doha)
- **허브 공항**: 하마드 국제공항(Hamad International Airport, DOH)
- **항공 동맹**: 원월드(Oneworld)
- **슬로건**: *Going Places Together*

  카타르항공은 **세계 최상위권 서비스 품질**, **Qsuite 비즈니스 클래스**, **하마드 공항 5성급** 등으로 유명하며, 여러 차례 **Skytrax 세계 1위 항공사**에 선정된 글로벌 프리미엄 항공사입니다.

나. 보유 항공기

카타르항공은 중·장거리 중심 네트워크를 운영하며, 광동체와 협동체를 다양하게 운영합니다.

✈ 주요 기종

- A350-900 / A350-1000
  → 세계에서 가장 많은 A350을 운영하는 항공사 중 하나
- B777-300ER / B777-200LR
- B787-8 / B787-9
- A380-800 (일부 노선 재투입)
- A320 **패밀리** (A319/A320/A321)

✔ 카타르항공은 연료 효율·정숙성·기내 압력 관리가 뛰어난 기체(A350, 787)를 중점적으로 운용해 승객 만족도가 높습니다.

다. 좌석 클래스 상세 분석

A. **퍼스트 클래스** (First Class)

- A380 기종에만 존재
- 넓게 배치된 반프라이빗 스위트
- 최고급 식사, 캐비어 서비스 가능
- 전용 샤워실은 없지만, 초호화 라운지와 연결

B. 비즈니스 클래스 (Business Class)

★ **카타르항공의 핵심**: Qsuite (큐스위트)

세계 최고의 비즈니스 클래스라고 평가 받습니다.

✔ Qsuite 특징

- **도어가 있는 개인 스위트룸 형태(프라이버시 최고)**
- **1-2-1 구성, 모든 좌석 통로 접근**
- 침대형 완전 평면 좌석
- 2인 또는 4인용 **패밀리 스위트 구성 가능**
- 라운드 조명과 고급 가죽 마감
- 현재 B777, A350 일부 기체에 적용 중.

✔ 일반 비즈니스 클래스

- Qsuite 미적용 기체에서도 높은 서비스 품질
- 일부 A330/787에는 최신형 각도 조절식 또는 완전 평면 좌석

C. **프리미엄 이코노미**(Premium Economy)

→ **카타르항공은 아직 공식 프리미엄 이코노미 클래스를 운영하지 않습니다.**

대신 이코노미 상위 fare 옵션과 넉넉한 이코노미 좌석 품질로 대체.

D. **이코노미 클래스** (Economy Class)

- 넓은 레그룸(32~34인치 기종 다수)
- 훌륭한 기내식, 다국적 승무원
- Oryx One 엔터테인먼트 제공
- 서비스 품질이 타 항공사 대비 상위권

라. 기내 엔터테인먼트

🎧 Oryx One 시스템

- 수천 개의 영화·드라마·음악
- 애니메이션·아시아·유럽 콘텐츠 다양
- 일부 기종에서 **슈퍼 와이드 스크린** 탑재
- 기내 Wi-Fi 제공(유료 + 무료 일정 데이터 제공)

마. 하마드 국제공항 - 세계 최고 수준 허브

하마드 공항(DOH)은 **세계 최고 공항 1위**로 여러 차례 선정됨.

✔ 특징

- 럭셔리 쇼핑몰 수준의 터미널
- Al Safwa First Lounge(거의 호텔급)
- Al Mourjan Business Lounge(비즈니스 세계 1위급)
- 기내 환승 동선이 매우 짧음

바. 카타르항공 주요 노선

🌍 전 세계 160개 도시 이상 취항

유럽·아시아·미주·아프리카·오세아니아 모두 커버.

✔ 한국 노선

인천 ↔ 도하(DOH) 매일 운항 (A350, B777 등 투입)

✔ 인기 장거리

런던, 파리, 프랑크푸르트, 뉴욕, 시카고, 시드니, 멜버른, 케이프타운 등

사. 카타르항공의 장점 정리

⭑ 세계 최고 수준 비즈니스 클래스(Qsuite)

프라이버시·공간·디자인 모두 세계 1위 평가.

⭑ 하마드 공항의 환승 편의성

정시성 매우 준수, 환승 거리 짧음.

⭑ 뛰어난 기내식과 서비스

다국적 승무원, 고품질 catering.

⭑ 현대적인 기재

A350·787 등 최신 친환경 항공기 대규모 운용.

⭑ 글로벌 네트워크 강력

유럽·아시아 연결성에서 세계 최상급.

(7) 케세이퍼시픽 (Cathay Pacific Airways)

가. 기본 정보

- **설립:** 1946년
- **국적:** 홍콩(Hong Kong)
- **본사:** 홍콩 국제공항(Chek Lap Kok, HKG)
- **허브 공항:** 홍콩 국제공항(HKG)
- **항공 동맹:** 원월드(Oneworld)
- **슬로건:** *Move Beyond*
- **자회사:** 캐세이드래곤(구 드래곤에어, 2020년 통합)

케세이퍼시픽은 **아시아 최고의 프리미엄 항공사 중 하나**로 평가받으며, 정확한 서비스·고품질 기내식·안정성·편안한 좌석으로 높은 신뢰도를 갖고 있습니다.

나. 보유 항공기(기재)

케세이퍼시픽은 대부분의 중·장거리 노선에 친환경·신형 기체를 운용합니다.

✈ 주력 기종

- A350-900 / A350-1000
- B777-300ER
- B777-300
- A321neo(단거리)

✔ A350 비중이 높아 **정숙·연비 효율·안정된 기내 환경**에서 높은 평가

✔ 구형 A330/747 여객기는 대부분 퇴역

다. 좌석 클래스 상세 소개

A. 퍼스트 클래스 (First Class)

- B777-300ER 일부 항공기에만 존재
- 매우 넓은 싱글 스위트 구조
- 식사 코스 품질 매우 우수(아시아 최고 수준)
- 케세이 퍼스트 라운지는 세계 상위권 평가

B. 비즈니스 클래스 (Business Class)

✔ 특징

- 1-2-1 구성, 전 좌석 **직접 통로 접근**

- 완전 평면 침대 좌석
- 좌석 옆 공간이 넓고 안정감·프라이버시 우수
- 케세이 특유의 차분하고 정갈한 서비스
- A350 및 B777 최신형 비즈니스 좌석은 인체공학적 디자인과 넓은 사이드테이블로 평판이 좋습니다.

C. **프리미엄 이코노미** (Premium Economy)

- 넓은 레그룸 및 등받이 기울임
- 독립된 별도 캐빈(조용함)
- 업그레이드된 식사
- 장거리 노선에서 인기 높음

D. **이코노미 클래스** (Economy Class)

- A350 기준 3-3-3 배열
- 인체공학적 시트, 비교적 넉넉한 좌석 피치(31~32인치)
- 기내식 품질 높고, 아시아 항공사 특유의 친절 서비스

라. 서비스 특징

✔ **기내식과 음료 품질 우수**

홍콩 기반이라 **중식 기반 요리·해산물 요리**에 강점.

✔ **정확하고 조용한 서비스 스타일**

"과하게 친절하지 않고 깔끔한 서비스"로 유명.

✔ **기내 엔터테인먼트**

- StudioCX 시스템
- 다양한 중국어·영어 콘텐츠
- 최신 영화, 아시아권 콘텐츠 풍부
- 대부분 기종에서 Wi-Fi 사용 가능

마. 라운지

케세이퍼시픽 라운지는 세계적으로 유명합니다.

✈ 홍콩 국제공항 주요 라운지

- The Pier (퍼스트 & 비즈니스) - 세계 최고 평가

- The Wing (퍼스트 & 비즈니스)
- The Deck
- The Bridge
- 특히 **퍼스트 클래스 라운지의 누들바**(Noodle Bar)와 **샴페인 바, 스파 서비스**가 유명합니다.

바. 운항 노선

전 세계 60개국 이상으로 운항.

✔ 한국 ↔ 홍콩

- **인천-홍콩**(매일 운항)
- **부산-홍콩**(시즌 또는 수요 기반 운항)

✔ 장거리

- 런던(LHR)
- 파리
- 로스앤젤레스
- 샌프란시스코
- 밴쿠버
- 시드니·멜버른
- 오클랜드
- 도하(카타르항공 코드쉐어)

홍콩을 중심으로 **동남아-유럽·미주 환승**에 매우 용이합니다.

사. 케세이퍼시픽의 강점 요약

⋆ 아시아 최고 품질의 비즈니스·퍼스트 클래스

차분하고 안정적이며 넓은 좌석.

⋆ 세계 최고 평가 라운지(홍콩 공항)

특히 *The Pier First*는 세계 1위급.

⋆ 최신 기재(A350 중심)

정숙·쾌적·연비 효율 우수.

⭑ 우수한 기내식
아시아 요리에 강점, 안정적인 맛.

⭑ 훌륭한 환승 허브(홍콩)
유럽·미주 연결이 편리.

(8) ANA항공 (All Nippon Airways)

가. 항공사 개요

- **정식명:** All Nippon Airways Co., Ltd.
- **IATA 코드:** NH
- **본사:** 도쿄(일본)
- **허브:** 도쿄(하네다 HND 및 나리타 NRT), 오사카(간사이 KIX) 등 (하네다 중심 국제선·국내선 비중↑)
- **동맹:** 스타얼라이언스(Star Alliance) 핵심 회원
- **그룹:** ANA Holdings 산하 - 저비용 항공사(예: Peach) 등 자회사·계열 보유
- **위상:** 일본 최대 항공사(승객 기준) 중 하나로, 서비스·안전성·친환경·기재 현대화에서 높은 평가를 받음.

나. 비즈니스 전략 및 특징 간단 요약

- **프리미엄 서비스 강조:** 일본식 정교한 서비스, 한식·일식 기반 고급 기내식, 뛰어난 라운지 (ANA Suite Lounge, ANA Lounge, Sakura 라운지 등).
- **기재 현대화:** Boeing 787 Dreamliner 시리즈(초기 발주·기술 선도 항공사 중 하나)와 A350/B777 등 최신 기재 도입으로 장거리 경쟁력 확보.
- **국내-국제 통합 네트워크:** 국내선(하네다, 간사이 중심)과 국제선(하네다·나리타 허브)을 촘촘히 연결
- **친환경/디지털 투자:** 연료 효율 기재 비중 확대, 탄소 감축·디지털 체크인/탑승 경험 개선.

다. 그룹·계열사(주요)

- Peach Aviation(LCC, 일본 국내·아시아 저비용) - ANA가 주요 주주
- Air Japan, ANA Wings 등 지역 및 계열 운항사
- ANA Cargo - 전용 화물 사업 운영

라. 기재(항공기) - 주요 기종 & 특징

◆ Boeing 787-8 / 787-9 / 787-10 (Dreamliner)

→ ANA가 초기 수주·운용을 적극 이끈 항공기. 장거리 효율성·캐빈 압력·가습·정숙성에서 강점. 장거리·중거리 핵심 기재

◆ Boeing 777 시리즈 (B777-300ER 등)

→ 장거리 국제선(미주·유럽·동남아 등)에서 주력으로 사용. 일부 장거리 노선에서 퍼스트 클래스/비즈니스 배치

◆ Airbus A320 계열(A320neo 등) / A321

→ 일부 단거리·중거리(국내선·아시아 단거리)에 사용(운용 비중·편성은 시기별로 변동).

◆ A350 도입 움직임

→ ANA가 A350 도입·검토 이력을 가졌으며, 장기적 포트폴리오에 친환경 A350 류 포함 가능(기종·수량은 시기별 변동)

◆ **협동체(소형) 기종 및 국내선 전용**

→ B737 혹은 국내 전용 터빈 기종 등으로 국내 빈번 운항 편성

요약: ANA는 **B787 계열과** B777을 핵심 전력으로, 최신 연료효율 기재 운영에 집중하고 있습니다.

마. 좌석 클래스 & 기내 서비스

A. First Class

◆ 일부 장거리 B777 기체에 한해 제공. 넓은 개인 공간, 최고급 어메니티와 식사

◆ 전용 라운지 연동(ANA Suite Lounge)

B. Business Class (**프레스티지/비즈니스**)

◆ 장거리 완전 평면(Flat-bed) 좌석. 최근 기재에서는 프라이버시·수납·테이블 설계에 많은 개선이 있음. 일부 기체엔 ANA만의 고유 비즈니스 시트 디자인 탑재

◆ ANA는 비즈니스 좌석의 '편안한 수면' 설계와 일본식 식음료 옵션으로 호평

C. Premium Economy (**프리미엄 이코노미**)

◆ 이코노미보다 넓은 시트 피치/등받이, 향상된 기내식·어메니티 제공. 장거리 수요에 인기

D. Economy (**이코노미**)

◆ 기본형 좌석. 최신 기재는 개인 IFE(기내 엔터테인먼트), 전원·USB, 좋은 쿠션감 제

공, 일본 항공사 특유의 정갈한 서비스와 식사 제공

바. 기내식 & 서비스

- **일본식·양식 선택지 모두 우수** - 계절 메뉴·지역 특선 메뉴 제공
  장거리선에서 유명 셰프와 제휴한 스페셜 메뉴나 사전 주문식(일부 클래스에서) 운영.
- **기내 엔터테인먼트(IFE)**: 개인 스크린, 다국어 콘텐츠, 일부 항공편에선 Wi-Fi 제공(유료/무료 정책은 항공편에 따라 상이)
- **승무원 서비스**: 일본 특유의 정중하고 디테일한 서비스로 높은 고객 만족도

사. 라운지 & 공항 인프라

- ANA Suite Lounge (퍼스트 클래스·초우량 고객용) - 도쿄(하네다·나리타) 주요 라운지에 고급 서비스 제공
- ANA Lounge / Sakura Lounge (비즈니스·프리미엄 등급) - 전 세계 주요 허브에서 운영
- 하네다·나리타 공항에서 프리미엄 탑승·환승 편의성이 높음
  (특히 하네다의 도심 접근성 강점)

아. 노선망 & 허브 전략

- **허브**: 하네다(HND), 나리타(NRT), 간사이(KIX) 등 — 하네다의 도심 접근성으로 국제·국내 환승 편의성 확보.
- **국내선**: 일본 전역(삿포로·오사카·후쿠오카·오키나와 등) 강한 네트워크.
- **국제선**: 아시아(중국·한국·동남아·대만·홍콩 등)와 미주(로스앤젤레스·샌프란시스코·뉴욕 일부) 유럽(런던 등)까지 광범위 운항
- **전략**: 국내 연결 수요와 국제 허브 연결(특히 비즈니스 승객)에 집중

자. 로열티 프로그램 & 얼라이언스 혜택

- ANA Mileage Club (AMC) - 마일리지 적립·사용, 업그레이드, 라운지 이용 등 다양한 혜택
- Star Alliance **멤버십**을 통해 전 세계 항공사와 마일리지 공유·코드셰어·라운지 이용 연계 가능

차. 안전·수상·평판

- 안전성·정비·운항 시스템에서 국제적 표준 유지
- 서비스·정시성·기재 품질 면에서 자주 상위권 평가(항공산업 평가 기관·여행자 평가 등)

(9) 말레이시아항공 (Malaysia Airlines)

가. 기본 정보

- **정식명:** Malaysia Airlines Berhad (일반적으로 Malaysia Airlines, MH)
- **IATA:** MH
- **본사/허브:** 쿠알라룸푸르 국제공항(Kuala Lumpur International Airport, KUL)
- **설립:** 원래 말레이시아 항공의 뿌리는 1947년(말라야 항공) - 현대적 법인은 재편·국유화·민영화 등 역사적 변화를 겪음
- **성격:** 말레이시아의 국적기(국가 이미지를 담당하는 풀서비스 항공사)

나. 역사적 배경

초창기 말라야 항공(Malayan Airways)에서 출발해 여러 번 구조조정·재편을 겪음
2014년: **MH370 실종**, **MH17 격추**라는 대형 사고로 국제적 충격과 경영 위기를 겪음
이후 대규모 구조조정과 재무 개선 작업이 진행됨
2015년경 이후 조직 재정비와 브랜드 회복, 서비스 개선, 기단 현대화를 추진해 왔음

다. 그룹 구조·자회사(주요)

- Malaysia Airlines 본사 외에 말레이시아 내 지역 노선 담당 자회사·브랜드가 있음
- Firefly - 단거리/지역 저비용·항공사(터보프롭·소형 제트 위주)
- MASwings - 보르네오 내 지역 노선(사바·사라왁) 전담(특히 ATR 터보프롭 운용)
  이들 자회사는 국내·지역 연결망을 보강해 허브(KUL)로의 환승을 용이하게 함

라. 운항 네트워크

- **허브:** 쿠알라룸푸르(KUL)를 중심으로 아시아·오세아니아·중동·유럽 일부·미주 연결 노선 운항
- **주요 국제 노선(과거·전통적):** 싱가포르, 방콕, 홍콩, 도쿄, 서울(인천), 중국 주요 도시, 런던(유럽 플래그십 노선), 호주(시드니·멜버른) 등

단, 노선은 수요·계절·전략에 따라 잦은 변동이 있으니 특정 항공편/도시의 최신 운항 여부는 확인이 필요합니다.

마. 보유 기재(요약, 기종군별)

- 광동체(장거리)
  - Airbus A330 **계열** - 중장거리 노선에 널리 사용
  - Airbus A350-900 - 장거리 최신 기종(연료 효율성·여객 쾌적성이 우수)
    과거 B777 계열 운영 이력도 있으나 편성·퇴역 여부는 시점에 따라 달라짐
- 협동체(단거리/중단거리)
  - Boeing 737 **시리즈** - 단거리·중단거리(아시아 근로자·비즈니스 노선)
  - ATR / **소형 터보프롭** - MASwings·Firefly 소속(지역선)
  - 요약: 말레이시아항공은 A330/A350 중심의 중장거리와 737 계열의 지역 네트워크가 핵심이며, 자회사를 통해 터보프롭(섬·지역 연결)을 담당합니다.

바. 좌석 클래스 및 기내 상품

A. First Class / Business Class

장거리(예: 쿠알라룸푸르-유럽, 호주 등) 기재에는 **완전 평면(Flat-bed) 비즈니스 시트**가 배치되어 있으며, 일부 플래그십 노선에는 퍼스트/프리미엄 비즈니스급 좌석을 제공해온 이력이 있습니다.

비즈니스 클래스는 전통적으로 **서버식 코스 요리 + 말레이시아·아시아식 옵션**을 제공하며, 좌석 설계와 개인 프라이버시를 강화하는 방향으로 개선 중입니다.

B. Premium Economy

말레이시아항공은 과거 프리미엄 이코노미 도입을 검토/운영한 이력이 있으나, 정규 상시 제공 여부는 보유 기재·노선에 따라 다릅니다.

C. Economy Class

표준 풀서비스 이코노미: 개인 스크린(IFE), 기내식, 음료, 수하물 허용 등이 포함된 요금 체계. 장거리선의 경우 상대적으로 괜찮은 기내식과 서비스를 제공.

D. 기내식(특징)

말레이시아 음식(나시르막 등 지역 특선)을 비롯해 다국적 메뉴 제공. 비즈니스는 지역 특선과 국제 메뉴를 병행.

사. 공항 라운지 & 지상 서비스

Golden Lounge / Golden Premium Lounge 등 쿠알라룸푸르 공항 내 자사 라운지 운영. 퍼스트·비즈니스·프리미엄 회원 대상 전용 라운지가 제공되는 편

라운지·지상 서비스의 품질은 항공권 등급·회원 등급에 따라 차등 제공

아. 마일리지 프로그램 — Enrich

Enrich는 Malaysia Airlines의 상용고객(마일리지) 프로그램 이름입니다.

적립·사용(보너스 항공권·좌석 업그레이드·제휴사 이용 등), 등급(실버·골드·플래티넘 등) 혜택이 일반적입니다.

제휴 항공사·카드사 제휴로 마일리지 적립 경로가 다양합니다.

자. 안전·사건 이력(중요)

- 2014년 MH370 **실종**(쿠알라룸푸르 출발, 베이징행, 기체 미발견) - 항공 역사상 매우 중대한 사건.
- 2014년 MH17 **격추**(암스테르담발 쿠알라룸푸르행, 우크라이나 상공) - 큰 희생과 정치·안전 이슈 야기.
- 이 두 사건으로 말레이시아항공은 심대한 명예·재무적 타격을 입었고 이후 대대적 구조조정·리브랜딩 및 안전·위기관리 시스템 강화 작업이 진행되었습니다.

  이후 항공운항 안전·정비·운영 프로세스 개선에 많은 투자가 이루어진 것으로 알려져 있습니다.

차. 장단점 요약

A. 장점

- 말레이시아 국적기 특유의 지역식·서비스(말레이·중식·인도식 등) 제공
- 허브(KUL)의 지리적 장점(동남아 환승 허브)
- A350 등 최신 기재 운용으로 장거리 쾌적성 확보

B. 단점 / 리스크 포인트

- 2014년 사고 이후 이미지 회복 과정(시간 필요)
- 경쟁 심한 동남아 시장에서 비용·수익성 압박
- 특정 시기 노선·기재 변동이 잦음(운항 안정성은 개선되었으나 최신 운항표 확인 권장)

(10) 인도네시아항공 (Garuda Indonesia)

가. 항공사 개요

- **정식 명칭**: PT Garuda Indonesia (Persero) Tbk
- **IATA 코드**: GA
- **본사**: 인도네시아 자카르타
- **허브**: 자카르타 수카르노하타 국제공항(CGK), 덴파사르 응우라라이 공항(DPS)
- **설립**: 1949년
- **항공 동맹**: 스카이팀(SkyTeam) 회원
- **슬로건**: *Fly Garuda, Experience Indonesia*
- **특징**: 인도네시아 국적기이자 국가 이미지를 대표하는 항공사로, 국내선 및 국제선 풀 서비스 항공사(FSC) 운영

나. 역사 및 배경

- 1949년 설립 이후 인도네시아의 국영 항공사로 운영
- 동남아 지역 풀서비스 항공사 중 규모가 큰 편
- 2000년대 후반부터 국제 안전·서비스 기준 개선 프로젝트 수행
- 2010년대 이후 현대화 및 국제 노선 확대, A330·B777 등 기재 도입으로 서비스 경쟁력 강화
- 과거 경영 위기, 부채 문제 있었지만 정부 지원과 구조조정으로 안정화 진행

다. 그룹 구조 및 자회사

- **Citilink**: 저비용 자회사, 단거리 및 국내선 담당
- **Garuda Maintenance Facility (GMF AeroAsia)**: 자체 정비·항공기 서비스
- **Cargo**: Garuda Indonesia Cargo, 국내·국제 화물 운송

라. 보유 기재(주요)

✈ 광동체/장거리

- **Boeing 777-300ER**: 장거리(동남아~미주/유럽)
- **Airbus A330-200 / A330-300**: 장거리/중거리, 국제선 주력
- **Boeing 737-800 / 737 MAX**: 단거리, 동남아/인도네시아 국내선 중심

✈ 협동체/단거리

- **ATR 72**: 국내/지역선, 특히 섬 간 연결
- **B737 계열**: 주요 국내 및 아시아 단거리
- 요약: 장거리 A330·B777, 단거리 737·ATR 혼합 운용

마. 좌석 클래스

A. 퍼스트 클래스

- 제한적 제공, 주로 B777 장거리 일부 노선
- 넓은 개인 공간, 고급 식사 제공
- 퍼스트 클래스 라운지(Garuda First Lounge) 이용 가능

B. 비즈니스 클래스

- 2-2-2 또는 1-2-1 구성(기재별 상이)
- 완전 평면 침대 제공, 장거리 노선 중심
- 인도네시아식, 아시아식 메뉴 제공
- 라운지 이용 가능(Garuda Business Lounge)

C. 프리미엄 이코노미

- 일부 장거리 기재에서 운영
- 이코노미보다 넓은 레그룸, 업그레이드 식사 제공

D. 이코노미 클래스

- 표준 3-3-3 배열(A330 기준)
- 개인 스크린, 기내식, 음료 제공
- 인도네시아 전통식 및 국제식 메뉴 혼합

바. 기내 서비스

- **엔터테인먼트**: 개인 스크린(IFE), 최신 영화, 음악, 게임 제공
- **와이파이**: 일부 장거리 기재에서 제공(유료)
- **식사**: 지역 특산식과 국제식 조합, 비즈니스 클래스는 단품 주문 가능
- **승무원 서비스**: 전통적 인도네시아 환대(Hospitality) 강조, 친절함과 정중함

사. 라운지

- Garuda First Lounge: 장거리 퍼스트 클래스 및 상위 등급 이용
- Garuda Business Lounge: 비즈니스 클래스 승객 대상
- 위치: 주 허브 CGK(자카르타), DPS(발리) 중심

아. 운항 네트워크

- **국내선:** 인도네시아 전역, 자카르타·수라바야·덴파사르·메단 등 주요 도시
- **국제선:** 아시아(싱가포르, 방콕, 홍콩, 도쿄, 서울 등), 중동(두바이, 도하), 유럽(암스테르담, 런던), 호주(퍼스, 시드니) 등
- **한국 노선:** 인천(ICN) – 자카르타(CGK) 직항 운항(주 5~7회, 계절 및 수요에 따라 변동)

자. 마일리지 프로그램

- GarudaMiles: 적립, 좌석 업그레이드, 보너스 항공권
- 스카이팀 제휴를 통한 국제 마일리지 적립/사용 가능

차. 강점 및 특성

A. 장점

- 인도네시아 전통 환대와 친절한 서비스
- 아시아·호주·중동·유럽 노선 연결 편리
- A330/B777 등 장거리 신형 기재로 쾌적함

B. 단점

- 과거 안전 이슈와 경영 위기로 인한 브랜드 이미지 영향
- 단거리 서비스/국내선은 일부 구형 B737, ATR 혼합
- 스카이팀 소속이지만 일부 노선에서 코드셰어 옵션 제한

(11) 중국국제항공공사 (에어차이나, Air China)

가. 항공사 개요

- **정식 명칭:** Air China Limited(中国国际航空公司)
- **IATA 코드:** CA
- **ICAO 코드:** CCA

- **본사**: 중국 베이징
- **허브**: 베이징 수도 국제공항(PEK), 상하이 푸동(PVG), 선전(SZX) 일부
- **설립**: 1988년
- **국영 항공사**: 중국의 국영 플래그십 항공사
- **항공 동맹**: 스타얼라이언스(Star Alliance) 창립 멤버
- **슬로건**: "Experience the World"

  에어차이나는 중국의 대표 국적기이자, 중국 내외 장거리/국제선 풀서비스 항공사(FSC)를 운영합니다.

나. 역사 및 배경

- 중국 민항국(CAAC) 재편 과정에서 설립
- 베이징을 중심으로 국제·국내 네트워크를 확장
- 2007년 이후 스타얼라이언스 가입으로 글로벌 연결성 강화
- 2010년대 이후 B787·A350 **등 현대적 광동체 도입**으로 장거리 경쟁력 확보
- 중국 내 항공사 중 정시성과 안전성에서 상위 평가를 받음

다. 그룹 구조 및 자회사

- Shenzhen Airlines (심천항공) - 중국 국내선 및 중단거리
- Dalian Airlines - 일부 국내/지역 운항
- Air China Cargo - 화물 전문 운영
- Air China Inner Mongolia, Air China Xinjiang - 지역 단거리 운항
- 요약: 에어차이나 그룹은 국영 플래그십을 중심으로 국내·지역·화물·자회사를 통합 운영

라. 보유 기재(주요)

✈ 광동체 / 장거리

- Boeing 777-300ER - 유럽·미주 노선 중심
- Boeing 787-9 / 787-8 - 중장거리 노선
- Airbus A330-200 / A330-300 - 중거리 국제선
- A350-900 **도입 시작** - 일부 유럽·미주 장거리 노선

✈ 협동체 / 단거리

- **B737-800 / B737 MAX 8/9** - 중국 국내선 및 아시아 단거리
- 일부 지역용 터보프롭은 거의 없음(국내선 대부분 B737 운용)
- 요약: 장거리 B777·787, 중거리 A330, 단거리 B737 계열 중심

마. 좌석 클래스

A. **퍼스트 클래스**

- 장거리 B777/B787 일부 노선 제공
- 개인 스위트 형태, 완전 평면 침대
- 전용 퍼스트 클래스 라운지 제공

B. **비즈니스 클래스**

- B777/B787/A330 장거리 노선에서 운영
- 2-2-2 또는 1-2-1 구성(기재별 상이)
- 완전 평면 침대, 독립 좌석, 조용한 캐빈
- 국제선에서 식사·음료 수준 우수

C. **프리미엄 이코노미**

- 일부 장거리 기재에서 제공
- 넓은 레그룸, 업그레이드된 식사 및 서비스

D. **이코노미 클래스**

- 기본 3-3-3 배열(A330/B787 기준)
- 개인 IFE(기내 엔터테인먼트) 제공
- 기내식은 중국식·국제식 혼합

바. 기내 서비스

- **엔터테인먼트(IFE)**: 개인 스크린, 최신 영화·음악·게임
- **식사**: 중국식 전통 요리와 서양식 메뉴 제공
- **와이파이**: 일부 장거리 기재에서 유료 제공
- **승무원 서비스**: 중국 전통 친절 + 국제적 기준 적용

사. 라운지

- Air China First Class Lounge - 베이징 수도공항, 주요 국제선 퍼스트 클래스 및 상위 회원 이용 가능
- Air China Business Lounge - 비즈니스 클래스 및 스타얼라이언스 골드 회원 이용 가능
- **스타얼라이언스 제휴 라운지** 연동 가능

아. 운항 네트워크

- **허브:** PEK(베이징 수도 국제공항), PVG(상하이 푸동)
- **국내선:** 베이징·상하이·광저우·청두·선전 등 중국 내 주요 도시
- **국제선:** 아시아(한국, 일본, 싱가포르, 홍콩 등), 유럽(런던, 파리, 프랑크푸르트 등), 미주(로스앤젤레스, 뉴욕, 샌프란시스코 등), 오세아니아 일부
- **한국 노선:** 인천(ICN)–베이징(PEK), 상하이(PVG) 경유 일부 국제선

자. 마일리지 프로그램

- PhoenixMiles(국제/국내 적립)
- 스타얼라이언스 회원사와 제휴해 마일리지 사용, 좌석 업그레이드, 보너스 항공권 가능

차. 강점/단점

- 중국 대표 국적기, 신뢰성 높은 장거리/국제선 운영
- 스타얼라이언스 핵심 멤버로 글로벌 연결성 우수
- B777·B787 최신 장거리 기재 운영
- 중국식·국제식 메뉴, 안정적 기내 서비스 제공
- 일부 구형 A330 기재는 좌석 피치·서비스 제한
- 중국 국내선 혼잡 및 공항 지연 가능성
- 퍼스트 클래스는 장거리 일부 노선 제한적

(12) 중화항공 (China Airlines, CI)

가. 항공사 개요

- **정식 명칭:** China Airlines Ltd.

- **IATA 코드**: CI
- **ICAO 코드**: CAL
- **본사**: 대만 타이베이시 쑹산구
- **설립**: 1959년
- **항공 동맹**: 스카이팀(SkyTeam) 회원사
- **슬로건**: "We're all about you."
- **특징**: 대만 국적기이자 최대 항공사, 국내·국제선 풀서비스(FSC) 운영

나. 역사 및 배경

- 1959년 설립, 대만 정부 주도로 시작
- 초기 화물·국제선 위주 운항 → 1970~1980년대 장거리 국제선 확장
- 스카이팀 가입 후 글로벌 네트워크 강화
- 최신 기재(B777, A350, A330 등) 도입으로 서비스 경쟁력 강화

다. 허브 공항

- 타이베이 타오위안 국제공항(TPE) - 장거리 국제선 중심
- **부허브**: 타이중, 가오슝 일부 국내선 운영
- 타이베이 중심 글로벌 연결

라. 그룹 구조 및 자회사

- **Mandarin Airlines**: 국내·근거리 국제선 운항 자회사
- **China Airlines Cargo**: 화물 전문 운영
- 일부 여행사, 항공 관련 자회사 포함

마. 운항 네트워크

- **국내선**: 대만 내 일부 노선
- **국제선**: 아시아, 유럽, 북미, 오세아니아
- **한국 노선**:

  타이베이(TPE) ↔ 인천(ICN), 부산(PUS) 직항

  계절·수요에 따라 운항 변동

바. 보유 기재

✈ 광동체 / 장거리

- Boeing 777-300ER / 777-300 - 장거리 국제선
- Boeing 777-200ER - 장거리 국제선
- Boeing 747-400 - 일부 화물·특수 노선 (퇴역 중)
- Airbus A350-900 / A350-1000 — 최신 장거리 국제선

✈ 중단거리 / 단거리

- Airbus A330-300 / A330-200 — 중거리·장거리
- Boeing 737-800 - 근거리 국제선, 일부 국내선
- **지역선:** Mandarin Airlines 운용
- 요약: 장거리 B777·A350, 중단거리 A330, 단거리 B737·자회사 운용

사. 좌석 클래스

A. **퍼스트 클래스** (First)

- 일부 B777/B747 장거리 노선 제공
- 완전 평면 침대, 프라이버시 강화 좌석
- 전용 체크인, 라운지 이용 가능

B. **비즈니스 클래스** (Business)

- 장거리 국제선 중심
- 완전 평면 침대 좌석, 업그레이드 식사 및 서비스

C. **프리미엄 이코노미** (Premium Economy)

- 장거리 국제선 제공
- 일반 이코노미보다 넓은 레그룸, 업그레이드 식사·서비스

D. **이코노미 클래스** (Economy)

- 장거리선: 3-3-3 배열(B777/B787), 2-4-2(A330)
- 개인 IFE, 음료 및 기내식 제공
- 단거리선: 스낵·음료 제공

아. 기내 서비스

- IFE: 개인 스크린 장거리, 스트리밍 가능

- **식사**: 장거리 코스식, 단거리 간단 스낵 제공
- **Wi-Fi**: 일부 장거리선 유료 제공
- **승무원 서비스**: 대만 특유 친절 서비스

자. 라운지

- Dynasty Lounge: 장거리 국제선 퍼스트/비즈니스 이용
- 스카이팀 제휴 라운지 이용 가능

차. 마일리지 프로그램

- China Airlines Dynasty Flyer
- 항공권 구매 및 제휴사 적립 가능
- 업그레이드, 보너스 항공권, 호텔·렌터카 연동
- 등급: Silver, Gold, Diamond

카. 장점/단점

- 대만 대표 국적기, 안정적 풀서비스
- 스카이팀 회원으로 글로벌 연결성 우수
- 최신 장거리 기재(B777, A350) 운용
- 한국 ↔ 대만 직항 노선 강점
- 일부 장거리 이코노미 좌석 피치 경쟁사 대비 제한적
- 8단거리 노선 기내 서비스 제한
- 구형 B747 기재 일부는 좌석·서비스 제한

(13) 베트남 항공 (Vietnam Airlines, VN)

가. 항공사 개요

- **정식 명칭**: Vietnam Airlines JSC(Vietnam Airlines Joint Stock Company)
- **IATA 코드**: VN
- **ICAO 코드**: HVN
- **본사**: 하노이, 베트남
- **허브 공항**: 노이바이 국제공항(HAN, 하노이), 탄손낫 국제공항(SGN, 호치민)

- **설립**: 1956년(국영 항공사)
- **항공 동맹**: 스카이팀(SkyTeam) 회원
- **슬로건**: *Reach Further*
- **특징**: 베트남 국적기이며, **풀서비스 항공사(FSC)**로 국내선 및 국제선 운영

나. 역사 및 배경

- 1956년 설립 이후 베트남의 대표 항공사로 성장
- 1995년 국제선 확장 시작, 아시아·유럽·호주 노선 진출
- 2010년대 이후 기재 현대화(B787·A350 등)와 서비스 개선으로 국제 경쟁력 강화
- 스카이팀 가입으로 글로벌 연결성 확대

다. 그룹 구조 및 자회사

- Vietnam Air Services Company (VASCO) - 국내선 및 지역선
- Vietnam Airlines Cargo - 화물 전문 운영
- 일부 국내 저비용 LCC(예: Bamboo Airways와 경쟁)와 함께 국내외 단거리 수요 분담

라. 보유 기재(주요)

✈ 광동체 / 장거리

- Airbus A350-900 - 유럽, 호주 장거리 노선 중심
- Boeing 787-9 / 787-8 (Dreamliner) - 장거리, 연료 효율성 및 쾌적한 기내 환경
- Boeing 777-200ER - 일부 장거리 유럽/호주 노선

✈ 중거리

- Airbus A321 - 아시아 중거리, 동남아·중국·일본 노선
- A321neo 도입 중

✈ 단거리 / 국내선

- ATR 72-500 / 72-600 - 국내선·섬 연결
- Embraer E190 - 일부 국내/단거리 국제선
- 요약: 장거리 A350·B787, 중거리 A321, 국내선 ATR/E190 혼합 운용

마. 좌석 클래스

A. 퍼스트 클래스

- 제한적 제공, 주로 B777/B787 일부 장거리 노선
- 넓은 개인 공간, 완전 평면 침대, 고급 기내식 제공

B. 비즈니스 클래스

- B787/A350 장거리 중심
- 완전 평면 침대 좌석(Flat-bed)
- 비즈니스 라운지 제공(SkyTeam 제휴 포함)
- 베트남 전통식·국제식 메뉴 제공

C. 프리미엄 이코노미

- 일부 장거리 A350/B787에서 제공
- 이코노미보다 넓은 레그룸, 업그레이드된 식사 및 어메니티

D. 이코노미 클래스

- 표준 3-3-3 배열(A350 기준)
- 개인 IFE(영화, 음악, 게임), 음료, 기내식 제공
- 아시아·베트남식 메뉴 중심

바. 기내 서비스

- **IFE**: 개인 스크린, 다국적 콘텐츠 제공
- **식사**: 베트남 전통 요리와 국제식 메뉴 혼합
- **와이파이**: 일부 장거리 기재에서 유료 제공
- **승무원 서비스**: 베트남 특유의 친절·정중함 강조

사. 라운지

- Lotus Lounge - 비즈니스 및 상위 회원 이용 가능
- SkyTeam **제휴 라운지**와 연동 가능
- 위치: 하노이(HAN), 호치민(SGN), 일부 국제선 허브

아. 운항 네트워크

- **허브**: 노이바이(HAN), 탄손낫(SGN)

- **국내선:** 하노이·호치민·다낭·나트랑·푸꿕 등 주요 도시
- **국제선:** 아시아(싱가포르, 방콕, 도쿄, 서울, 홍콩 등), 유럽(파리, 프랑크푸르트, 런던), 호주(시드니, 멜버른), 미국 일부 노선 예정
- **한국 노선:** 서울(인천) ↔ 하노이(HAN), 호치민(SGN) 직항

자. 마일리지 프로그램

- Lotusmiles - 적립, 좌석 업그레이드, 보너스 항공권
  스카이팀 회원사와 연동 가능

차. 강점/단점

- 베트남 국적기, 국내·국제선 네트워크 균형
- A350/B787 등 최신 광동체 도입으로 장거리 편안함
- SkyTeam 회원으로 글로벌 연결성 우수
- 베트남 전통 음식과 친절한 서비스 제공
- 일부 중·단거리 구형 기재에서 좌석 피치 좁음
- 국제선 일부 노선에서 서비스 편차 발생
- 국내선/단거리 LCC 경쟁 치열

(14) 사우스웨스트항공 (Southwest Airlines, WN)

가. 항공사 개요

- **정식 명칭:** Southwest Airlines Co.
- **IATA 코드:** WN
- **ICAO 코드:** SWA
- **본사:** 미국 텍사스주 댈러스(Dallas, Love Field)
- **설립:** 1967년(정식 운항 시작 1971년)
- **항공 동맹:** 없음(독립 운영 LCC)
- **슬로건:** "Low fares. Nothing to hide."
- **특징:** 미국 최대 저비용항공사(LCC) 중 하나,
  단일 기종 운영과 독창적 운임 정책으로 유명

나. 역사 및 배경

- 1967년 댈러스-휴스턴 지역선으로 출발
- 저비용 전략, 단일 항공기(B737) 운영으로 운영 효율 극대화
- 빠른 탑승/하차, 무료 수하물 정책 등 독창적 고객 친화 서비스 도입
- 미국 내 단거리·중거리 시장에서 강력한 네트워크 구축

다. 항공사 특징

A. **저비용항공(LCC) 모델**

- **단일 기종(Boeing 737)** 운영 → 정비·훈련·운영 효율 극대화
- **무료 수하물(2개까지 무료)** - LCC 치고는 독특
- No assigned seat: 선착순 좌석 배치(WA "open seating")
- Point-to-point **네트워크**: 허브 중심보다 직항 연결 중심

B. **운항 스타일**

- 단거리·중거리 위주 미국 내 운항
- 평균 비행시간 1~4시간 수준
- 일부 멕시코·카리브해·중미 국제선 운영

라. 보유 기재

- Boeing 737-700 / 737-800 / 737 MAX 8
- 단일 항공기 운영 전략으로 정비·운영 효율 극대화
- 전 세계 LCC 중 유일하게 단일 기종 전략을 장기간 유지

마. 좌석 클래스

- 사우스웨스트항공은 **단일 클래스** 운영, 그러나 특수 좌석 서비스 존재:

A. **일반석 (Economy)**

- 모든 좌석 동일 등급
- Open Seating: 탑승 시 먼저 타는 승객이 원하는 좌석 선택
- Pitch: 약 31~32인치, 표준 단거리용

B. **비즈니스/프리미엄 좌석**

- 특별 좌석은 없음

- 그러나 "Business Select" **요금제** 구매 시:
  - 우선 탑승 가능 (A1~A15 구역 우선 탑승)
  - 보너스 Rapid Rewards 마일리지 적립
  - 무료 음료 및 일부 혜택 제공

C. **기타 좌석 서비스**

- Exit row/Front row: 더 넓은 공간 제공, 사전 요청 가능
- 좌석 간 차이는 거의 없음

바. 기내 서비스

- IFE: 대부분의 단거리 항공편에서는 개인 스크린 없음, 모바일 앱 통해 스트리밍 가능
- **식사**: 무료 기내식 없음, 스낵·음료(커피, 탄산음료 등) 제공, 일부 유료 스낵
- **수하물**: 2개 무료 수하물 허용(미국 내선 기준, 최대 50lb/개)
- **Wi-Fi**: "GoGo" Wi-Fi 대부분 항공편에서 유료 제공
- **서비스 특징**: 친근한 승무원 서비스, 유머러스하고 자유로운 분위기

사. 운항 네트워크

- **국내선**: 미국 전역 100+ 도시 이상
- 대표 허브: 댈러스(Love Field), 시카고(MDW), 애틀랜타, 볼티모어, 로스앤젤레스
- **국제선**: 멕시코, 카리브해, 중앙아메리카 일부
- **운항 전략**: 허브 중심보다 **직항**(Point-to-point) 중심
- **한국 노선**: 없음(미주 단거리 LCC 특성상 국제선 제한적)

아. 마일리지 프로그램

- Rapid Rewards:
  - 항공권 구매, 제휴사 이용으로 포인트 적립
  - 좌석 업그레이드 등 다양한 혜택 가능
  - 미국 LCC 중 충성도 프로그램 우수 평가

자. 장점/단점

- 저비용·직항 중심 운항으로 합리적 가격

- 무료 2개 수하물 정책(미국 LCC 기준 독특)
- 단일 기종 운영으로 안정적 운항, 정시성 높음
- 친근하고 자유로운 탑승 경험
- 좌석 간격 좁음, 장거리 비행 시 불편
- 장거리 국제선 서비스 제한, 무료 식사 없음
- Open Seating 방식 때문에 탑승 혼잡 시 좌석 선택 스트레스 가능

(15) 델타항공 (Delta Air Lines, DL)

가. 항공사 개요

- **정식 명칭:** Delta Air Lines, Inc.
- **IATA 코드:** DL
- **ICAO 코드:** DAL
- **본사:** 미국 조지아주 애틀랜타(Atlanta, GA)
- **설립:** 1924년 (초창기 항공사: Huff Daland Dusters)
- **항공 동맹:** 스카이팀(SkyTeam) 창립 멤버
- **슬로건:** "Keep Climbing"
- **특징:** 미국 최대 항공사 중 하나, 국내·국제선 모두 강력한 풀서비스 항공사(FSC)

나. 역사 및 배경

- 1924년 소규모 농약 살포 비행 서비스에서 시작 → 1929년 Delta Air Lines로 개편
- 1980~1990년대 국내선·국제선 확장
- 2008년 노스웨스트항공(Northwest Airlines) 합병으로 미국 내 최대 항공사 중 하나로 성장
- 글로벌 허브 확장, 장거리 서비스 강화, 최신 기재 도입

다. 허브 공항

- 애틀랜타 ATL(본사 및 최대 허브)
- 디트로이트 DTW
- 미네아폴리스 MSP
- 뉴욕 JFK / 라과디아 LGA

- 로스앤젤레스 LAX
- 시애틀 SEA
- 보스턴 BOS, 솔트레이크시티 SLC 등
- 허브를 통한 국내·국제 연결이 매우 강력

라. 그룹 구조 및 자회사

- Delta Connection: 지역선 운항 자회사(Atlantic Southeast Airlines, Endeavor Air, SkyWest 등)
- Delta Cargo: 화물 전담
- **노스웨스트합병 후 브랜드 통합 및 국제 네트워크 강화**

마. 운항 네트워크

- **국내선:** 미국 전역 주요 도시, 허브 중심 네트워크
- **국제선:** 아시아, 유럽, 중동, 캐나다, 남미, 카리브까지 폭넓게 운항
- **한국 노선:**
  - 인천(ICN) ↔ ATL/JFK/SEA 등 직항
  - 최근 일부 노선은 계절·수요 따라 변동

바. 보유 기재

✈ 광동체 / 장거리

- Boeing 777-200ER / 777-200LR / 777-300ER - 유럽·아시아·미주 장거리
- Boeing 767-300ER - 일부 장거리·중거리
- Airbus A330-200 / A330-300 - 장거리/중거리
- **A350-900 도입 예정 / B737 MAX 일부 장거리 적용**

✈ 협동체 / 단거리

- Boeing 737-800 / 737-900ER / 737 MAX 8 - 단거리·중거리
- McDonnell Douglas MD-88/90 일부 퇴역, 현대 기재 중심
- **지역선:** CRJ 시리즈, Embraer E-Jet (Delta Connection 자회사 운용)
- 요약: 장거리 B777·A330, 단거리 B737·E-Jet 중심

사. 좌석 클래스

A. 퍼스트 클래스 / Delta One

- Delta One: 장거리 전용
- 완전 평면 침대(Flat-bed) 좌석
- 고급 식사, 라운지 이용, 전용 체크인
- 장거리 아시아·유럽 노선 중심

B. 비즈니스 클래스

- 국내/중거리 일부 노선
- Delta One과 구분, 일부 장거리선은 Delta One으로 통합

C. 프리미엄 이코노미

- Comfort+ (Comfort Plus):
- 일반 이코노미보다 넓은 레그룸, 우선 탑승
- 일부 무료 음료 제공
- 단거리/중거리 중심

D. 이코노미 클래스

- 표준 좌석(31~32인치 피치, 3-3/3-4-3 배열 기재별 상이)
- 개인 IFE, 음료·간단 스낵 제공
- 장거리선 기내식 제공, 단거리선 간단 스낵

아. 기내 서비스

- **IFE:** 개인 스크린, Delta Studio 스트리밍, Wi-Fi 유료 제공
- **식사:** 장거리선 코스식 제공, 단거리선 스낵
- **음료:** 알코올·커피 무료(장거리 기준), 단거리선 일부 유료
- **승무원 서비스:** 친절, 미국 풀서비스 항공사 수준

자. 라운지

- Delta Sky Club:
- 장거리·국제선, 비즈니스/Delta One 이용 승객 및 Sky Club 회원 이용 가능
- 음료, 간단 식사, 업무 시설, 샤워실 제공
- Star Alliance 유사: 스카이팀 제휴 라운지 이용 가능

차. 마일리지 프로그램

- SkyMiles:
  - 항공권 구매 및 제휴사 적립 가능
  - 좌석 업그레이드, 보너스 항공권, 호텔/렌터카 제휴
  - 등급: Silver, Gold, Platinum, Diamond Medallion

카. 장점/단점

- 미국 내/국제선 강력한 풀서비스
- Delta One 등 장거리 비즈니스 클래스 만족도 높음
- 스카이팀 회원사와 연동, 글로벌 연결성 우수
- 최신 장거리 기재(B777, A350 등) 운용
- 일부 단거리선 좌석 피치 좁음
- 국제선 장거리 가격 상대적으로 높은 편
- 항공권 정책, 수하물 규정 등 복잡

(16) 아메리칸항공 (American Airlines, AA)

가. 항공사 개요

- **정식 명칭**: American Airlines, Inc.
- **IATA 코드**: AA
- **ICAO 코드**: AAL
- **본사**: 미국 텍사스주 포트워스(Fort Worth, TX)
- **설립**: 1930년(다수 항공사 합병으로 현재 형태)
- **항공 동맹**: 원월드(Oneworld) 창립 멤버
- **슬로건**: "Going for great"
- **특징**: 미국 최대 항공사 중 하나, 국내·국제선 모두 운영하는 풀서비스 항공사(FSC)

나. 역사 및 배경

- 1930년 소규모 항공사 합병으로 출발 → 1934년 "American Airlines"로 명칭 확립
- 2013년 US Airways 합병 → 미국 최대 항공사 중 하나로 성장
- 원월드 창립 멤버로 글로벌 네트워크 강화
- 장거리·국제선 서비스 강화, 최신 기재(B787, A321XLR 등) 도입

다. 허브 공항

- 댈러스-포트워스 DFW(본사 및 최대 허브)
- 시카고 O'Hare ORD
- 마이애미 MIA
- 필라델피아 PHL
- 로스앤젤레스 LAX
- 뉴욕 JFK / 라과디아 LGA
- 샬럿 CLT
- 허브 중심으로 국내·국제선 연결이 강력하며, 미국 내 최대 허브 네트워크 보유

라. 그룹 구조 및 자회사

- **American Eagle**: 지역선 운항 자회사
  (Envoy Air, Piedmont Airlines, PSA Airlines 등)
- **American Airlines Cargo**: 화물 전문 운영
- US Airways 합병 이후 국제·국내 네트워크 통합

마. 운항 네트워크

- **국내선**: 미국 전역 주요 도시
- **국제선**: 아시아, 유럽, 중남미, 캐리브, 중동, 오세아니아 일부
- **한국 노선**:
  - 인천(ICN) ↔ DFW(댈러스), LAX, JFK(뉴욕) 직항
  - 계절 및 수요에 따라 변동 가능

바. 보유 기재

✈ 광동체 / 장거리

- **Boeing 777-200ER / 777-300ER** - 장거리 국제선
- **Boeing 787-8 / 787-9 (Dreamliner)** - 아시아, 호주, 유럽 장거리
- **Airbus A330-200 / A330-300** - 일부 장거리 국제선

✈ 중단거리 / 단거리

- **Boeing 737-800 / 737 MAX 8** - 미국 국내선 및 단거리 국제선

- Airbus A321 / A321XLR - 중거리 국제선, 미국-카리브·중남미
- **지역선:** CRJ, Embraer E-Jet, American Eagle 자회사 운용
- 요약: 장거리 B777/B787/A330, 단거리 B737/A321, 지역선 E-Jet/CRJ 중심

사. 좌석 클래스

A. **퍼스트 클래스** / Flagship First
- 장거리 국제선, 일부 국내 프리미엄
- 완전 평면 침대(Flat-bed) 제공, 전용 체크인/라운지 이용 가능
- 고급 식사 및 음료, 장거리 집중 서비스

B. **비즈니스 클래스** / Flagship Business
- 장거리 및 일부 국내 프리미엄
- 완전 평면 침대, 프라이버시 강화 좌석
- 장거리 아시아·유럽선 중심

C. **프리미엄 이코노미**
- Premium Economy: 장거리 국제선
- 더 넓은 레그룸, 업그레이드된 식사 및 어메니티

D. **이코노미 클래스**
- Main Cabin(표준)
- 단거리 3-3/중장거리 3-4-3 배열
- 개인 IFE, 음료 및 기내식 제공
- 일부 구간 간단 스낵 또는 무료 식사

E. Domestic First / Domestic Business
- 미국 국내선 전용 프리미엄 좌석
- 일반 이코노미보다 넓은 레그룸, 우선 탑승 가능

아. 기내 서비스

- **IFE:** 개인 스크린(장거리), Wi-Fi 유료, 스트리밍 가능
- **식사:** 장거리선 코스식 제공, 단거리선 간단 스낵/음료
- **승무원 서비스:** 친절, 미국 풀서비스 항공사 수준
- **Wi-Fi:** 대부분 유료 제공

자. 라운지

- Flagship Lounge: 장거리 국제선 퍼스트/비즈니스 승객 이용
- Admirals Club: 비즈니스/상위 회원, 일부 프리미엄 요금권 이용 가능
- 원월드 제휴 라운지와 연동 가능

차. 마일리지 프로그램

- AAdvantage
  - 항공권 구매, 제휴사 적립 가능
  - 좌석 업그레이드, 보너스 항공권, 호텔·렌터카 제휴
  - 등급: Gold, Platinum, Platinum Pro, Executive Platinum

카. 장점/단점

- 미국 최대 풀서비스 항공사, 장거리/국제선 강력
- 원월드 멤버로 글로벌 연결성 우수
- 최신 장거리 기재(B787, B777) 운용
- 국내·국제선 모두 다양한 좌석 클래스 선택 가능
- 국내선 구간 일부 좌석 피치 좁음
- 장거리 이코노미 좌석 간격 경쟁사 대비 다소 제한적
- 가격 정책, 수하물 규정 복잡

(17) 유나이티드항공 (United Airlines, UA)

가. 항공사 개요

- **정식 명칭**: United Airlines, Inc.
- **IATA 코드**: UA
- **ICAO 코드**: UAL
- **본사**: 미국 일리노이주 시카고(Chicago, IL)
- **설립**: 1926년 (초창기 항공사 합병 포함)
- **항공 동맹**: 스타얼라이언스(Star Alliance) 창립 멤버
- **슬로건**: "Connecting people. Uniting the world."
- **특징**: 미국 3대 항공사 중 하나로, 국내·국제선 풀서비스 항공사(FSC) 운영

나. 역사 및 배경

- 1926년 초기 항공사 합병을 통해 설립
- 2000년대 Continental Airlines 합병 → 미국 내 최대 항공사 중 하나로 성장
- 스타얼라이언스 창립 멤버로 글로벌 네트워크 강화
- 장거리·국제선 서비스 확장, 최신 기재(B787, B777 등) 도입

다. 허브 공항

- 시카고 오헤어 ORD (본사)
- 덴버 DEN
- 휴스턴 IAH
- 뉴어크 EWR
- 샌프란시스코 SFO
- 워싱턴 D.C. IAD
- 로스앤젤레스 LAX
- 허브 중심으로 국내·국제선 연결 강력

라. 그룹 구조 및 자회사

- **United Express**: 지역선 운항 자회사 (Mesa Airlines, SkyWest, Envoy 등)
- **United Cargo**: 화물 전문 운영
- Continental Airlines 합병 이후 국내·국제선 통합 운영

마. 운항 네트워크

- **국내선**: 미국 전역 주요 도시
- **국제선**: 아시아, 유럽, 중남미, 캐리브, 중동, 오세아니아 일부
- **한국 노선**:
  인천(ICN) ↔ 샌프란시스코(SFO), 시카고(ORD), 뉴어크(EWR), 로스앤젤레스(LAX) 직항

바. 보유 기재

✈ 광동체 / 장거리

- **Boeing 777-200ER / 777-300ER** - 유럽·아시아 장거리

- Boeing 787-8 / 787-9 (Dreamliner) - 아시아, 호주, 유럽 장거리
- Boeing 767-300ER / 767-400ER - 일부 장거리·중거리
- 일부 A350 도입 계획

✈ 협동체 / 단거리

- Boeing 737-700 / 737-800 / 737 MAX 8 - 단거리·중거리
- **지역선:** CRJ 시리즈, Embraer E-Jet(United Express 자회사 운용)
- 요약: 장거리 B777·787, 단거리 B737, 지역선 E-Jet 중심

사. 좌석 클래스

A. 퍼스트 클래스 / Polaris Business

- Polaris Business: 장거리 전용
- 완전 평면 침대(Flat-bed) 좌석
- 프리미엄 식사 및 라운지 이용
- 장거리 아시아·유럽선 중심

B. 비즈니스 클래스

- 장거리 및 일부 국내 프리미엄
- Polaris와 구분, 일부 장거리선 Polaris로 통합

C. 프리미엄 이코노미

- Premium Plus: 장거리 국제선
- 이코노미보다 넓은 레그룸, 업그레이드된 식사·어메니티

D. 이코노미 클래스

- Main Cabin (표준)
- 좌석 피치 약 31~32인치, 단거리 3-3, 장거리 3-4-3 배열
- 개인 IFE, 음료·간단 스낵 제공
- 장거리선 코스식 제공

E. Domestic First

- 미국 국내선 전용 프리미엄 좌석
- 일반 이코노미보다 넓은 레그룸, 우선 탑승 가능

아. 기내 서비스

- IFE: 개인 스크린(장거리), Wi-Fi 유료 제공, 스트리밍 가능
- **식사**: 장거리선 코스식, 단거리선 스낵·음료
- **승무원 서비스**: 미국 풀서비스 항공사 수준
- Wi-Fi: 대부분 유료 제공

자. 라운지

- United Polaris Lounge: 장거리 국제선 Polaris 이용 승객
- United Club: 비즈니스/상위 회원 및 일부 프리미엄 요금권 이용
- 스타얼라이언스 제휴 라운지 이용 가능

차. 마일리지 프로그램

- MileagePlus:
  - 항공권 구매 및 제휴사 적립 가능
  - 좌석 업그레이드, 보너스 항공권, 호텔·렌터카 제휴
  - 등급: Premier Silver, Gold, Platinum, 1K

카. 장점/단점

- 미국 내/국제선 강력한 풀서비스
- Polaris Business 클래스 장거리 만족도 높음
- 스타얼라이언스 회원사와 연동, 글로벌 연결성 우수
- 최신 장거리 기재(B777, B787) 운용
- 국내선 구간 좌석 피치 좁음
- 장거리 이코노미 좌석 공간 경쟁사 대비 제한적
- 국제선 가격 정책, 수하물 규정 복잡

(18) 에어캐나다 (Air Canada, AC)

가. 항공사 개요

- **정식 명칭**: Air Canada
- **IATA 코드**: AC

- **ICAO 코드**: ACA
- **본사**: 캐나다 몬트리올, 퀘벡주
- **설립**: 1937년 (Trans-Canada Air Lines → 1965년 Air Canada)
- **항공 동맹**: 스타얼라이언스(Star Alliance) 창립 멤버
- **슬로건**: "Fly the Flag"
- **특징**: 캐나다 국적기이자 최대 항공사, 국내·국제선 풀서비스(FSC) 운영

나. 역사 및 배경

- 1937년 설립 이후 캐나다 내 최대 항공사로 성장
- 1965년 현재 명칭 사용, 1980년대 이후 국제선 확장
- 스타얼라이언스 가입으로 글로벌 연결성 강화
- 2000년대 이후 현대적 기재 도입(B787, A220, A330 등)으로 서비스 경쟁력 강화

다. 허브 공항

- 토론토 피어슨 국제공항(YYZ)
- 밴쿠버 국제공항(YVR)
- 몬트리올 트뤼도 공항(YUL)
- **부허브**: 캘거리 YYC, 에드먼턴 YEG 등
  캐나다 국내선 및 미국·국제선 연결 중심

라. 그룹 구조 및 자회사

- **Air Canada Express**: 국내선·지역선 운항 자회사
- Jazz Aviation, Sky Regional, Exploits Valley Air 등
- **Air Canada Rouge**: 저비용 자회사, 단거리·휴양지 노선 운영
- **Air Canada Cargo**: 화물 전문 운영

마. 운항 네트워크

- **국내선**: 캐나다 전역 주요 도시
  토론토, 밴쿠버, 몬트리올, 캘거리, 에드먼턴 등
- **국제선**: 미국, 유럽, 아시아, 중남미, 카리브, 오세아니아 일부

- **한국 노선:**
  - 인천(ICN) ↔ 토론토(YYZ), 밴쿠버(YVR) 직항
  - 계절·수요에 따라 운항 변동

바. 보유 기재

✈ 광동체 / 장거리

- Boeing 777-200LR / 777-300ER - 장거리 국제선
- Boeing 787-8 / 787-9 (Dreamliner) - 아시아, 유럽, 미국 장거리
- Airbus A330-300 - 일부 장거리 국제선

✈ 중단거리 / 단거리

- Airbus A220-300 - 국내·중단거리 노선
- Airbus A319 / A320 / A321 - 국내·미국/중거리 국제선
- **지역선:** Bombardier CRJ, Dash 8 Q400(Air Canada Express 자회사 운용)
- 요약: 장거리 B777·B787, 중단거리 A320/A321, 지역선 CRJ·Q400 혼합 운용

사. 좌석 클래스

A. **퍼스트 클래스** / Signature Class
- 장거리 국제선 전용
- 완전 평면 침대(Flat-bed) 좌석, 고급 식사 제공
- 전용 체크인, 라운지 이용 가능

B. **비즈니스 클래스**
- 장거리선 Signature Class와 동일, 단거리선 일부 Business 좌석 제공
- 프리미엄 서비스, 업그레이드 옵션

C. **프리미엄 이코노미**
- Premium Economy: 장거리 국제선 제공
- 더 넓은 레그룸, 업그레이드 식사·어메니티

D. **이코노미 클래스**
- Main Cabin (표준)
- 단거리: 3-3 배열, 장거리: 3-4-3 배열
- 개인 IFE, 음료·기내식 제공

- 일부 장거리선 코스식 제공

E. **국내선/단거리**

- 단일 이코노미 클래스 위주
- 프리미엄 좌석(Front row/Exit row) 선택 가능

아. 기내 서비스

- IFE: 개인 스크린, 스트리밍 가능, Wi-Fi 유료 제공
- **식사**: 장거리선 코스식, 단거리선 간단 스낵·음료
- **승무원 서비스**: 캐나다 특유 친절 서비스 강조
- Wi-Fi: 대부분 유료

자. 라운지

- Signature Suite / Maple Leaf Lounge:
- 장거리 국제선 퍼스트 / 비즈니스 이용
- 음료, 스낵, 업무 시설 제공
- 스타얼라이언스 제휴 라운지 이용 가능

차. 마일리지 프로그램

- Aeroplan:
  - 항공권 구매 및 제휴사 적립 가능
  - 좌석 업그레이드, 보너스 항공권, 호텔·렌터카 제휴
  - 등급: Aeroplan 25K / 35K / 50K / 75K / 100K / Super Elite 100K

카. 장점/단점

- 캐나다 최대 FSC, 국내·국제선 강력
- B787·B777 최신 장거리 기재 운용
- 스타얼라이언스 회원으로 글로벌 연결성 우수
- Signature Class 등 장거리 서비스 만족도 높음
- 국내선 단거리 좌석 피치 좁음
- Rouge 저비용 자회사 서비스 수준은 표준 FSC보다 낮음
- 일부 장거리 노선에서 서비스 편차 발생

(19) 브리티시항공 (British Airways, BA)

가. 항공사 개요

- **정식 명칭**: British Airways Plc
- **IATA 코드**: BA
- **ICAO 코드**: BAW
- **본사**: 영국 런던, 워싱턴 가트윅(Waterside, Harmondsworth)
- **설립**: 1974년 (BOAC + BEA 합병)
- **항공 동맹**: 원월드(Oneworld) 창립 멤버
- **슬로건**: "To Fly. To Serve."
- **특징**: 영국 국적기이자 최대 항공사, 풀서비스(FSC) 운영

나. 역사 및 배경

- 1974년 BOAC(British Overseas Airways Corporation)와 BEA(British European Airways) 합병
- 런던 히드로(LHR)를 중심으로 글로벌 허브 네트워크 구축
- 1980~2000년대 장거리 국제선 확장, 최신 항공기(B777, A380, A350 등) 도입
- 원월드 창립 멤버로 글로벌 연결성 강화

다. 허브 공항

- 런던 히드로(LHR) - 장거리 국제선 중심
- 런던 개트윅(LGW) - 단거리 및 일부 국제선
- **부허브**: 맨체스터(MAN), 에딘버러(EDI), 글래스고(GLA)
- 런던 히드로 중심으로 유럽·북미·아시아 연결 강력

라. 그룹 구조 및 자회사

- **British Airways CityFlyer**: 런던 시티공항(City Airport) 기반 단거리 운영
- **BA Holidays**: 패키지 여행 서비스
- **BA Cargo**: 화물 전용 운영

마. 운항 네트워크

- **국내선:** 영국 내 주요 도시
- **국제선:** 유럽, 북미, 남미, 아시아, 아프리카, 중동
- **한국 노선:**
  - 인천(ICN) ↔ 런던 히드로(LHR) 직항
  - 계절 및 수요에 따라 변동 가능

바. 보유 기재

✈ 광동체 / 장거리

- Boeing 777-200/300ER - 장거리 국제선
- Boeing 787-8/9 (Dreamliner) - 아시아·북미 장거리
- Airbus A380-800 - 주요 장거리 국제선 (현재 일부 퇴역 예정)
- A350-1000 - 장거리 및 최신 기재

✈ 협동체 / 단거리

- Airbus A320 / A321 / A319 - 유럽·중거리 노선
- Embraer E-Jet - CityFlyer 단거리·지역선
- 요약: 장거리 B777·787·A350·A380, 단거리 A320 계열 중심

사. 좌석 클래스

A. **퍼스트 클래스** (First)

- 일부 B777/B787 장거리 노선
- 프라이빗 스위트 스타일 좌석, 완전 평면 침대
- 전용 체크인, 라운지 이용, 최고급 기내식

B. **비즈니스 클래스** (Club World / Club Suite)

- 장거리 국제선 중심
- 완전 평면 침대, 독립 좌석, 프라이버시 강조
- Club Suite: 일부 최신 B777/B787·A350 기재에서 제공

C. **프리미엄 이코노미** (World Traveller Plus)

- 장거리 국제선 제공
- 일반 이코노미보다 넓은 레그룸, 업그레이드된 기내식 및 서비스

D. **이코노미 클래스 (World Traveller)**
- 표준 3-3-3(장거리 B787/A350) 또는 3-4-3(B777) 배열
- 개인 IFE, 음료·기내식 제공
- 단거리선 간단 스낵 및 음료

E. **단거리/유럽선**
- 단일 이코노미 클래스 위주, 일부 프리미엄 좌석 옵션 제공

아. 기내 서비스
- **IFE**: 개인 스크린(장거리), 스트리밍 가능, Wi-Fi 유료 제공
- **식사**: 장거리선 코스식, 단거리선 간단 스낵/음료
- **승무원 서비스**: 영국 특유 친절·정중 서비스
- **Wi-Fi**: 대부분 유료

자. 라운지
- Concorde Room: 퍼스트 클래스 전용, 런던 히드로(LHR)
- Galleries Club / First Lounge: 비즈니스/퍼스트 클래스 및 상위 회원 이용
- 원월드 제휴 라운지 연동 가능

차. 마일리지 프로그램
- Avios / Executive Club:
  - 항공권 구매 및 제휴사 적립 가능
  - 좌석 업그레이드, 보너스 항공권, 호텔·렌터카 제휴
  - 등급: Blue, Bronze, Silver, Gold, Emerald

카. 장점/단점
- 영국 대표 국적기, 런던 허브 기반 글로벌 네트워크
- Club Suite/First Class 등 장거리 만족도 높음
- 스타얼라이언스 대신 원월드 연결성 우수
- 최신 장거리 기재(B787, A350) 운용
- 단거리/유럽선 좌석 좁음

- 장거리 이코노미 좌석 간격 경쟁사 대비 다소 제한적
- 일부 A380 구형 기재는 서비스 및 좌석 피치 제한

(20) 터키항공 (Turkish Airlines, TK)

가. 항공사 개요

- **정식 명칭:** Türk Hava Yolları A.O.(Turkish Airlines)
- **IATA 코드:** TK
- **ICAO 코드:** THY
- **본사:** 터키 이스탄불
- **설립:** 1933년
- **항공 동맹:** 스타얼라이언스(Star Alliance) 회원사
- **슬로건:** "Widen Your World"
- **특징:** 터키 국적기이자 최대 항공사, 글로벌 네트워크와 장거리 서비스 강점

나. 역사 및 배경

- 1933년 터키 정부 주도로 설립, 소규모 국내선 운영 시작
- 1956년 국제선 운항 개시, 유럽, 중동, 아시아로 확대
- 2008년 이후 글로벌 네트워크 강화, 장거리 기재(B777, A330, A350, B787 등) 도입
- 스타얼라이언스 가입 후 전 세계 300개 이상 도시 연결

다. 허브 공항

- 이스탄불 공항(IST) - 장거리 국제선 중심
- 이전 아타튀르크 공항(IST, 이전)에서 현재 이스탄불 공항으로 통합
- **부허브:** 앙카라(ESB), 이즈미르(ADB) 일부 운영
- 유럽·아시아·중동·아프리카·미주 연결 중심 글로벌 허브

라. 그룹 구조 및 자회사

- Turkish Cargo: 화물 전용 운영
- AnadoluJet: 터키 국내선 및 근거리 국제선 자회사
- Turkish Technic: 정비 전문 자회사

마. 운항 네트워크

- **국내선:** 이스탄불, 앙카라, 이즈미르, 안탈리아 등
- **국제선:** 아시아, 유럽, 북미, 남미, 아프리카, 중동
- **한국 노선:**
  - 서울 인천(ICN) ↔ 이스탄불(IST) 직항
  - 계절·수요에 따라 운항 변동 가능
- 터키항공은 유럽-아시아-중동 노선 연결성이 매우 강력

바. 보유 기재

✈ 광동체 / 장거리

- Boeing 777-300ER / 777-200LR - 장거리 국제선
- Boeing 787-9 / 787-10 (Dreamliner) - 장거리 국제선
- Airbus A330-200 / A330-300 - 장거리 국제선
- Airbus A350-900 / A350-1000 - 최신 장거리 국제선

✈ 협동체 / 단거리

- Boeing 737-800 / 737 MAX 8 - 단거리·중거리
- AnadoluJet 운영 ATR/B737 - 국내선 및 근거리 국제선
- 요약: 장거리 B777·787·A350, 단거리 B737 중심

사. 좌석 클래스

A. **퍼스트 클래스**

- 일부 장거리 B777/B787 노선에서 제공
- 완전 평면 침대, 프라이버시 강화 좌석
- 전용 체크인, 라운지 이용 가능

B. **비즈니스 클래스**

- 장거리 국제선 중심
- 완전 평면 침대(Flat-bed), 고급 식사 및 서비스 제공

C. **프리미엄 이코노미**

- 일부 장거리 국제선 제공
- 일반 이코노미보다 넓은 레그룸, 업그레이드 식사 및 서비스

D. 이코노미 클래스

- 장거리: 3-3-3(B777/B787), 2-4-2(A330)
- 개인 IFE, 음료 및 기내식 제공
- 단거리: 간단한 음료 및 스낵 제공

아. 기내 서비스

- IFE: 개인 스크린 장거리, 스트리밍 가능
- 식사: 장거리 코스식, 단거리 간단 스낵 제공
- Wi-Fi: 일부 장거리선 유료 제공
- **승무원 서비스:** 친절, 터키 문화 반영한 서비스 제공

자. 라운지

- Turkish Airlines Lounge (IST): 장거리 국제선 퍼스트/비즈니스 클래스 이용
- 스타얼라이언스 제휴 라운지 이용 가능

차. 마일리지 프로그램

- Miles&Smiles
  - 항공권 구매 및 제휴사 적립 가능
  - 업그레이드, 보너스 항공권, 호텔·렌터카 연동
  - 등급: Classic, Classic Plus, Elite, Elite Plus

카. 장점/단점

- 터키 대표 국적기, 글로벌 허브 기반 네트워크 강점
- 장거리 국제선, 비즈니스 클래스 만족도 높음
- 최신 장거리 기재(B777, B787, A350) 운용
- 한국 ↔ 터키 직항 연결
- 단거리 좌석 피치 경쟁사 대비 다소 좁음
- 장거리 이코노미 좌석 혼잡 가능
- 일부 단거리 노선 서비스 제한

(21) 네덜란드항공 (KLM Royal Dutch Airlines, KL)

가. 항공사 개요

- **정식 명칭:** KLM Royal Dutch Airlines
- **IATA 코드:** KL
- **ICAO 코드:** KLM
- **본사:** 네덜란드 암스테르담, 스키폴 공항 인근
- **설립:** 1919년(세계에서 가장 오래된 항공사)
- **항공 동맹:** 스카이팀(SkyTeam) 창립 멤버
- **슬로건:** "Journeys of Inspiration"
- **특징:** 네덜란드국적기, 세계 최장수 항공사, 글로벌 네트워크 기반 풀서비스(FSC) 운영

나. 역사 및 배경

- 1919년 설립, 1920년 첫 국제선 운항
- 2004년 에어프랑스(Air France)와 합병 → Air France-KLM 그룹 형성
- 장거리 국제선 및 화물 서비스 강점
- 스카이팀 창립 멤버로 글로벌 연결성 강화

다. 허브 공항

- 암스테르담 스키폴 공항(AMS) - 장거리 국제선 중심
- **부허브:** 로테르담, 에인트호벤 일부 국내선 운영
- 유럽-아시아-북미 연결 중심 글로벌 허브

라. 그룹 구조 및 자회사

- **KLM Cityhopper:** 네덜란드 국내선 및 유럽 단거리 노선 운항
- **KLM Cargo:** 화물 전용 운영
- Air France-KLM 그룹 내 통합 운영, 공동 마케팅 및 제휴

마. 운항 네트워크

- **국내선/유럽선:** 네덜란드 내 및 유럽 전역
- **국제선:** 아시아, 북미, 남미, 아프리카, 중동

◆ **한국 노선:**

- 인천(ICN) ↔ 암스테르담(AMS) 직항
- 계절·수요에 따라 운항 변동 가능
- 스키폴 허브를 통한 글로벌 연결성 우수

바. 보유 기재

✈ 광동체 / 장거리

- ◆ Boeing 777-200ER / 777-300ER - 장거리 국제선
- ◆ Boeing 787-9 / 787-10 (Dreamliner) - 장거리 국제선
- ◆ Airbus A330-200 / A330-300 - 장거리 국제선
- ◆ Boeing 747-400 - 일부 퇴역 예정

✈ 협동체 / 단거리

- ◆ Embraer E-Jet **시리즈** - Cityhopper 유럽 단거리
- ◆ Fokker 70/100 - 일부 단거리 (점차 교체 완료)
- ◆ 요약: 장거리 B777·787·A330, 단거리 E-Jet 중심

사. 좌석 클래스

A. **퍼스트 클래스**

- ◆ 일부 장거리 노선에서 제공 (제한적)
- ◆ 완전 평면 침대, 프라이버시 강화 좌석, 고급 식사

B. **비즈니스 클래스** (World Business Class)

- ◆ 장거리 국제선 중심
- ◆ 완전 평면 침대 좌석, 업그레이드된 식사 및 서비스
- ◆ 개인 스크린, 전원 포트, 프라이버시 강화

C. **프리미엄 이코노미** (Premium Comfort / Economy Comfort)

- ◆ 장거리 국제선 제공
- ◆ 일반 이코노미보다 넓은 레그룸, 업그레이드된 기내식·음료

D. **이코노미 클래스** (Economy / World Traveller)

- ◆ 장거리선: 3-3-3(B777/B787) 배열
- ◆ 단거리선: 2-2 또는 2-3 배열(E-Jet, Cityhopper)
- ◆ 개인 IFE, 음료 및 기내식 제공

아. 기내 서비스
- IFE: 개인 스크린 장거리, 스트리밍 가능
- **식사**: 장거리 코스식, 단거리 간단 스낵 제공
- Wi-Fi: 일부 장거리선 유료 제공
- **승무원 서비스**: 네덜란드 특유 친절·정중 서비스

자. 라운지
- KLM Crown Lounge: 스키폴 공항, 퍼스트/비즈니스 클래스 및 상위 회원 이용
- 스카이팀 제휴 라운지 이용 가능

차. 마일리지 프로그램
- Flying Blue (Air France-KLM 통합)
  - 항공권 구매 및 제휴사 적립 가능
  - 업그레이드, 보너스 항공권, 호텔·렌터카 연동
  - 등급: Ivory, Silver, Gold, Platinum

카. 장점/단점
- 세계 최장수 항공사, 안정적 운영
- 스키폴 허브 기반 글로벌 연결성 우수
- 최신 장거리 기재(B777, B787) 운용
- 장거리 비즈니스·프리미엄 이코노미 만족도 높음
- 단거리 좌석 피치 경쟁사 대비 다소 좁음
- 일부 단거리 Cityhopper 노선 IFE 제한
- 구형 기재 일부는 좌석·서비스 제한

(22) 아에로플로트항공 (Aeroflot Russian Airlines, SU)

가. 항공사 개요
- **정식 명칭**: Aeroflot Russian Airlines
- **IATA 코드**: SU
- **ICAO 코드**: AFL

- **본사:** 러시아 모스크바, 셰레메티예보 국제공항 인근
- **설립:** 1923년(세계에서 가장 오래된 항공사 중 하나)
- **항공 동맹:** 스카이팀(SkyTeam) 회원사
- **슬로건:** "Your safety, our priority"
- **특징:** 러시아 국적기이자 최대 항공사, 국내·국제 풀서비스(FSC) 운영

나. 역사 및 배경

- 1923년 소비에트 연방 항공으로 설립, 초기 국내선 중심
- 1990년대 러시아 민영화 이후 현대적 항공사로 전환
- 스카이팀 가입으로 글로벌 연결성 강화
- B737, A320, A330, B777 등 현대적 기재 도입

다. 허브 공항

- 모스크바 셰레메티예보 국제공항(SVO) - 장거리 국제선 중심
- **부허브:** 상트페테르부르크(PUL) 일부 국내·국제선 운영
- 러시아 내 및 유럽·아시아·중동 연결 중심

라. 그룹 구조 및 자회사

- Aurora Airlines: 러시아 극동 지역 노선 지원
- Rossiya Airlines: 국내선 및 근거리 국제선 운항
- Pobeda: 저비용 자회사(LCC)
- Aeroflot Cargo: 화물 전용 운영

마. 운항 네트워크

- **국내선:** 모스크바 중심 러시아 전역
- **국제선:** 유럽, 아시아, 중동, 일부 북미·남미
- **한국 노선:**
  - 인천(ICN) ↔ 모스크바(SVO) 직항
  - 계절·수요에 따라 변동 가능

바. 보유 기재

✈ 광동체 / 장거리

- Boeing 777-300ER / 777-200ER - 장거리 국제선
- Boeing 767-300ER - 일부 장거리 노선
- Airbus A330-300 - 장거리 국제선

✈ 중단거리 / 단거리

- Sukhoi Superjet 100 - 국내·근거리 국제선
- Boeing 737-800 / 737 MAX - 중단거리 국제선
- Airbus A320 / A321 - 단거리 유럽 노선
- 요약: 장거리 B777·A330, 중거리 B737/A320, 단거리 Sukhoi 운용

사. 좌석 클래스

A. **비즈니스 클래스**

- 장거리 국제선 중심
- 완전 평면 침대 또는 경사형 좌석
- 프리미엄 기내식 및 전용 서비스 제공

B. **프리미엄 이코노미**

- 일부 장거리 노선 제공
- 일반 이코노미보다 넓은 레그룸, 업그레이드된 식사

C. **이코노미 클래스**

- 장거리선: 3-3-3(B777/B767), 2-4-2(A330)
- 단거리선: 2-2 또는 3-3 배열
- 개인 IFE, 음료 및 기내식 제공
- 단거리선: 간단한 스낵/음료 제공

아. 기내 서비스

- **IFE:** 장거리선 개인 스크린 제공
- **식사:** 장거리 코스식, 단거리 간단 스낵
- **Wi-Fi:** 일부 장거리선 제공, 유료
- **승무원 서비스:** 러시아 특유 정중 서비스, 언어별 안내

자. 라운지

- Aeroflot Lounge (SVO): 비즈니스 클래스 및 상위 회원 이용
- 스카이팀 제휴 라운지 이용 가능

차. 마일리지 프로그램

- Aeroflot Bonus
  - 항공권 구매 및 제휴사 적립 가능
  - 업그레이드, 보너스 항공권, 호텔·렌터카 연동
  - 등급: Silver, Gold, Platinum

카. 장점/단점

- 러시아 대표 국적기, 국내·국제선 안정적 운영
- 스카이팀 회원으로 글로벌 연결성 우수
- 장거리 기재(B777, A330) 운용
- 한국 ↔ 모스크바 직항 노선 존재
- 단거리 좌석 피치 경쟁사 대비 좁음
- 일부 구형 기재에서 IFE·서비스 제한
- LCC 자회사 외 장거리 운임 비싸고 편의 제한

(23) 제주항공 (Jeju Air, 7C)

가. 항공사 개요

- **정식 명칭:** 제주항공 주식회사(Jeju Air Co., Ltd.)
- **IATA 코드:** 7C
- **ICAO 코드:** JJA
- **본사:** 대한민국 제주특별자치도 제주시
- **설립:** 2005년
- **항공 동맹:** 없음(독립 LCC)
- **슬로건:** "즐거운 여행, 제주항공"
- **특징:** 대한민국 최초 저비용항공사(LCC) 중 하나, 국내·국제 단거리·중거리 중심

나. 역사 및 배경

- 2005년 설립, 2006년 첫 항공편 운항
- 대한민국 LCC 시장 선도, 제주·김포·김해 등 국내선 운영 강화
- 아시아·동남아 국제선 확장
- 단일 기종 전략과 저비용 모델로 운영 효율성 극대화

다. 허브 공항

- 제주국제공항(CJU) - 본사 및 기점
- 김포국제공항(GMP) - 국내선 및 일부 국제선
- **국제선**: 인천국제공항(ICN), 부산 김해공항(PUS) 등 이용
  제주 중심 단거리·중거리 네트워크

라. 보유 기재

- Boeing 737-800: 단일 기종으로 운영
- Boeing 737 MAX 8: 일부 도입, 연료 효율성 강화
- 단일 기종 전략으로 정비, 승무원 교육, 운항 효율 극대화

마. 운항 네트워크

- **국내선**: 제주, 김포, 부산, 광주, 대구 등 주요 도시
- **국제선**: 일본, 중국, 동남아시아, 괌, 사이판 등 근거리·중거리 중심
- **대표 국제선**: 도쿄, 오사카, 나고야, 방콕, 타이베이, 마카오, 다낭, 세부, 괌

바. 좌석 클래스

A. **일반석** (Economy)

- 단일 클래스 운영, LCC 표준
- 좌석 배열: 3-3(B737 기준)
- 좌석 피치: 약 29~31인치, LCC 표준
- 일부 구간: 선호 좌석 사전 지정 가능(추가 요금)

B. **프리미엄 좌석**

- 일부 항공편에서 Extra Legroom Seat / **선호 좌석** 운영

◆ 앞쪽 좌석, 출구 좌석, 더 넓은 레그룸 제공
◆ 사전 예약 시 추가 요금

사. 기내 서비스

- **식사**: LCC 표준, 기내식 없음, 유료 판매(스낵, 음료)
- IFE: 없음, 개인 기기 사용 권장
- Wi-Fi: 대부분 제공되지 않음
- **수하물**:
  - 기내 반입: 10kg 이하 1개
  - 위탁 수하물: 유료, 구간별 15~30kg 선택 가능

아. 마일리지 프로그램

- **제주항공 포인트**
  - 국제선/국내선 운항 실적 및 제휴사 이용 적립
  - 좌석 업그레이드 및 할인 혜택 가능

자. 장점/단점

- 국내 LCC 시장 선두, 안정적 운영
- 일본·동남아 근거리 국제선 선택 폭 넓음
- 단일 기종 운영으로 정시성과 안전성 확보
- 저렴한 가격, 합리적 요금제
- LCC 특성상 기내 서비스 제한
- 장거리·장시간 비행에는 편의성 낮음
- 유료 수하물, 기내식 등 추가 비용 발생

(24) 티웨이항공 (T'way Air, TW)

가. 항공사 개요

- **정식 명칭**: 티웨이항공 주식회사(T'way Air Co., Ltd.)
- **IATA 코드**: TW
- **ICAO 코드**: TWB

- **본사**: 대한민국 서울특별시 강서구
- **설립**: 2004년 (2005년 운항 시작, 초기명 Hansung Airlines → T'way Air 2010년 개칭)
- **항공 동맹**: 없음 (독립 LCC)
- **슬로건**: "Smart & Friendly"
- **특징**: 대한민국 대표 저비용항공사(LCC), 국내·국제 단거리·중거리 중심

나. 역사 및 배경

- 2004년 설립, 2005년 첫 항공편 운항
- 2010년 티웨이항공으로 사명 변경
- 국내 LCC 시장 확장 및 일본·동남아 중심 국제선 확대
- 단일 기종 전략과 저비용 운영으로 합리적 가격 제공

다. 허브 공항

- 인천국제공항(ICN) - 국제선 중심
- 김포국제공항(GMP) - 국내선 중심
- **국내선**: 제주국제공항(CJU), 부산 김해공항(PUS) 등 운영
- 국내선·국제선 단거리 네트워크 중심

라. 보유 기재

- Boeing 737-800: 단일 기종 운영
- Boeing 737 MAX 8: 일부 도입, 연료 효율성 강화
- 단일 기종 전략으로 정비, 승무원 교육, 운항 효율 극대화

마. 운항 네트워크

- **국내선**: 제주, 김포, 부산, 대구, 광주 등
- **국제선**: 일본, 중국, 동남아시아 중심
- **대표 국제선**: 도쿄, 오사카, 나고야, 후쿠오카, 방콕, 다낭, 세부, 괌, 사이판

바. 좌석 클래스

A. 일반석 (Economy)

- ◆ 단일 클래스 운영, LCC 표준
- ◆ 좌석 배열: 3-3 (B737 기준)
- ◆ 좌석 피치: 약 29~31인치, LCC 표준

B. **프리미엄 좌석**

- ◆ 일부 항공편에서 **프리미엄 플러스** / Extra Legroom Seat 제공
- ◆ 앞쪽 좌석, 출구 좌석 등 더 넓은 레그룸 제공
- ◆ 사전 예약 시 추가 요금

사. 기내 서비스

- ◆ **식사**: LCC 표준, 기내식 없음, 유료 판매(스낵, 음료)
- ◆ IFE: 없음, 개인 기기 사용 권장
- ◆ Wi-Fi: 제공되지 않음
- ◆ **수하물**:
  - 기내 반입: 10kg 이하 1개
  - 위탁 수하물: 유료, 15~30kg 선택 가능

아. 마일리지 프로그램

- ◆ T'way Club
  - 국제선/국내선 운항 실적 및 제휴사 이용 적립
  - 좌석 업그레이드 및 할인 혜택 가능

자. 장점/단점

- ◆ 합리적 가격, 국내 LCC 중 안정적 운영
- ◆ 일본·동남아 근거리 국제선 선택 폭 넓음
- ◆ 단일 기종 운영으로 정시성과 안전성 확보
- ◆ 단거리 여행에 경제적
- ◆ LCC 특성상 기내 서비스 제한
- ◆ 장거리·장시간 비행에는 편의성 낮음
- ◆ 유료 수하물, 기내식 등 추가 비용 발생

(25) 진에어 (Jin Air, LJ)

가. 항공사 개요

- **정식 명칭**: 진에어 주식회사 (Jin Air Co., Ltd.)
- IATA **코드**: LJ
- ICAO **코드**: JNA
- **본사**: 대한민국 서울특별시 강서구
- **설립**: 2008년
- **항공 동맹**: 없음 (LCC 독립 운영)
- **슬로건**: "Smart & Friendly Low Cost Carrier"
- **특징**: 대한항공 계열 저비용항공사(LCC), 국내·국제 단거리·중거리 중심

나. 역사 및 배경

- 2008년 대한항공 계열 LCC로 설립
- 2009년 국내선 운항 시작, 2011년 국제선 확장
- 일본, 동남아, 괌·사이판 등 근거리 국제선 중심
- 단일 기종과 저비용 전략으로 안정적 운영

다. 허브 공항

- 김포국제공항(GMP) - 국내선 중심
- 인천국제공항(ICN) - 국제선 중심
- **국내선**: 제주국제공항(CJU) 등 운영
- 국내선·근거리 국제선 중심 LCC 네트워크

라. 보유 기재

- **Boeing 737-800**: 단일 기종 운영, 단거리·중거리 중심
- **Boeing 777-200ER**: 일부 장거리 국제선 운용 (괌/사이판 등)
- 단일 기종 운영으로 정비, 승무원 교육, 운항 효율 극대화

마. 운항 네트워크

- **국내선**: 제주, 김포, 부산, 대구 등

- **국제선:** 일본, 중국, 동남아, 괌, 사이판 중심
- **대표 국제선:** 도쿄, 오사카, 후쿠오카, 방콕, 다낭, 세부, 괌, 사이판

바. 좌석 클래스

A. 일반석 (Economy)

- 단일 클래스 운영, LCC 표준
- 좌석 배열: 3-3 (B737 기준)
- 좌석 피치: 약 31인치, LCC 표준

B. 프리미엄 좌석

- 일부 항공편 **프리미엄 플러스** / Extra Legroom Seat 제공
- 앞쪽 좌석, 출구 좌석, 더 넓은 레그룸 제공
- 사전 예약 시 추가 요금

사. 기내 서비스

- **식사:** LCC 표준, 기내식 없음, 유료 스낵/음료 판매
- IFE: 없음, 개인 기기 활용
- Wi-Fi: 제공되지 않음
- **수하물:**
  - 기내 반입: 10kg 이하 1개
  - 위탁 수하물: 유료, 구간별 15~30kg 선택 가능

아. 마일리지 프로그램

- **진에어 마일리지**
  - 대한항공 스카이패스 연동 가능
  - 좌석 업그레이드 및 제휴사 혜택 활용 가능

자. 장점/단점

- 대한항공 계열 LCC로 안정적 운영
- 일본·동남아 근거리 국제선 선택 폭 넓음
- 단일 기종 운영으로 정시성과 안전성 확보

- 합리적인 요금 제공
- LCC 특성상 기내 서비스 제한
- 장거리·장시간 비행에는 편의성 낮음
- 유료 수하물, 기내식 등 추가 비용 발생

에듀컨텐츠·휴피아
ECH Educontents·Huepia

제9장

항공객실서비스의 미래 전망

항공산업은 글로벌 이동성과 관광산업의 핵심 축으로서 끊임없이 변화와 혁신을 거듭하고 있다. 특히 객실서비스 분야는 단순한 기내 편의 제공을 넘어 **브랜드 가치 창출**과 **고객 경험 극대화**의 핵심 요소로 자리 잡았다.

기술 발전, 고객 니즈의 다양화, 환경 변화 등은 객실서비스의 형태와 운영 방식을 근본적으로 변화시키고 있다.

본 장에서는 이러한 변화 요인을 분석하고, 미래 항공객실서비스의 발전 방향을 전망한다.

1. 기술 발전에 따른 서비스 혁신

가. 디지털 전환과 자동화 서비스

최근 항공사들은 **디지털 기술을 활용한 고객 맞춤형 서비스**를 적극 도입하고 있다.

기내 엔터테인먼트 시스템의 고도화, 개인용 디지털 기기 연동, 모바일 오더 시스템 등은 고객의 자율성과 편의성을 높이고 있다.

또한 탑승 전·중·후의 전 과정에서 생체인식, 자동화 체크인, AI 안내 서비스 등이 확대되면서 **비대면 서비스 환경**이 강화되고 있다.

〈예시〉

- 기내 개인 좌석 모니터에서 식음료 주문 및 결제 가능
- AI 기반 언어 번역 서비스로 다국적 고객 대응 향상
- 실시간 고객 피드백 시스템 운영

나. 서비스 로봇 및 스마트 캐빈

AI와 로봇 기술의 발전은 객실승무원의 업무 방식에도 변화를 가져오고 있다. 반복적이고 단순한 업무는 로봇이 담당하고, 승무원은 **고부가가치 서비스(고객 케어, 안전관리)**에 집중할 수 있게 된다. 또한 조명, 공조, 엔터테인먼트가 자동으로 조절되는 **스마트 캐빈(Smart Cabin)** 환경이 구현되고 있다.

2. 고객 중심 맞춤형 서비스의 확산

가. 고객 세분화와 개인화(Personalization)

항공사는 고객의 연령, 국적, 여행 목적(비즈니스·레저·가족여행 등)에 따라 세분화된 맞춤형 서비스를 제공하는 방향으로 진화하고 있다.

예를 들어, 프리미엄 고객에게는 고급 다이닝과 라운지 서비스를, 가족 단위 여행객에게는 아동 친화적 서비스와 엔터테인먼트를 제공한다.

〈개인화 전략 예시〉

- 과거 탑승 이력 기반 맞춤형 기내식 추천
- 선호 좌석 및 엔터테인먼트 자동 설정
- 실시간 고객 상태에 따른 맞춤 케어 제공(수면, 조명 조절 등)

나. 감성 서비스의 강화

첨단 기술 도입에도 불구하고, **인간적 감성 서비스의 가치**는 더욱 중요해질 전망이다.

단순한 응대가 아니라, 고객의 감정과 상황을 읽고 적절히 대응하는 **감성 커뮤니케이션 역량**이 객실승무원의 핵심 경쟁력이 된다.

3. 지속가능성과 친환경 서비스의 강화

가. 탄소중립 목표와 기내 서비스 변화

글로벌 항공업계는 **탄소중립**(Net Zero) 목표 달성을 위해 친환경 기내 서비스를 확대하고 있다. 기내식에서 플라스틱 사용을 최소화하고, 재활용 가능한 소재를 활용한 용기 및 포장을 도입하고 있으며, 기내 운영 전반에 걸쳐 에너지 절감 시스템을 적용하고 있다.

〈사례〉

- 에어프랑스와 KLM: 종이·플라스틱 포장재 최소화
- 일본항공(JAL): 식기류 재사용 및 친환경 메뉴 운영

나. 지속가능한 고객경험 설계

향후 항공사는 친환경 경영을 단순한 비용 절감이 아닌 **브랜드 신뢰도와 가치 제고 수단**으로 인식하게 될 것이다. 승무원 역시 친환경 서비스 지식과 실천 역량을 갖추는 것이 중요해진다.

4. 위기 대응 서비스의 체계화

가. 보건·안전 위기 대응 강화

팬데믹 이후 항공산업은 보건 안전 관리의 중요성을 더욱 강조하고 있다.

객실승무원은 단순한 서비스 제공자가 아니라 **위기관리자**(Crisis Manager) 의 역할을 겸해야 한다. 감염병 대응 매뉴얼, 응급 처치 능력, 비상상황 대응 훈련 등이 더욱 강화될 전망이다.

나. 심리적 안심 서비스 제공

고객의 안전에 대한 인식이 높아짐에 따라, 위기 상황 발생 시 **심리적 안정감**을 제공하는 커뮤니케이션 기술도 중요해지고 있다. 객실승무원은 위기관리 능력과 함께 **심리적 리더십**을 갖추는 것이 필요하다.

5. 객실승무원의 역할 변화

구 분	과 거	현 재	미래 전망
업무중심	기내 서비스 제공 중심	안전+서비스 병행	서비스 전략 설계 및 위기관리 전문가
서비스 방식	정형화된 응대	맞춤형 응대 강화	감성·디지털 융합 서비스
기술 활용	수동적 시스템 사용	디지털화 점진적 적용	AI·스마트 캐빈 적극 활용
고객관계	일회성 응대	고객 경험 관리 중시	지속적 관계 구축 및 개인화 강화

6. 결 론

미래의 항공객실서비스는 **기술 혁신**, **고객 맞춤화**, **지속가능성**, **위기관리 역량**이라는 네 가지 축을 중심으로 진화할 것이다.

객실승무원은 단순한 서비스 제공자가 아니라 **스마트 서비스 전문가**, **문화 커뮤니케이터**, **위기 관리자**, **브랜드 가치 전달자**로서의 역할을 수행해야 한다.

따라서 항공 서비스 전공자는 서비스 감성 능력뿐 아니라 디지털 기술 이해, 환경적 가치 인식, 위기 대응 능력까지 갖춘 **미래형 항공 인재**로 성장할 필요가 있다.

✓ 요약 정리

- 항공객실서비스의 미래는 디지털 전환, 개인화 서비스, 친환경 운영, 위기 대응 강화로 요약된다.
- 객실승무원의 역할은 감성적 서비스 제공자에서 **스마트 서비스 전략가**로 확대될 것이다.
- 항공산업의 변화에 대응하기 위해 서비스 전문성과 기술 역량을 동시에 강화해야 한다.

에듀컨텐츠·휴피아
ECH Educontents·Humpia

항공객실서비스의 이해

2026년 2월 10일 초판 1쇄 인쇄
2026년 2월 15일 초판 1쇄 발행

저 자 | 박 헌 재 • 지음

발 행 처 | 도서출판 에듀컨텐츠휴피아
발 행 인 | 李 相 烈
등록번호 | 제2017-000042호 (2002년 1월 9일 신고등록)
주 소 | 서울 광진구 자양로 28길 98, 동양빌딩
전 화 | (02) 443-6366
팩 스 | (02) 443-6376
e-mail | iknowledge@naver.com
web | http://cafe.naver.com/eduhuepia
만든사람들 | 기획 • 김수아 / 책임편집 • 이진훈 한진수 차연우 정민경
디자인 • 유충현 / 영업 • 이순우

ISBN 978-89-6356-521-7 (93320)
정 가 15,000원